Theodore Roosevelt
Amerikanismus – Schriften und Reden

AF 131970

SEVERUS Verlag

Roosevelt, Theodore: Amerikanismus – Schriften und Reden. 2020
Neuauflage der Ausgabe von 1903
ISBN: 978-3-96345-147-8

Korrektorat: Leila Dawils

Umschlaggestaltung: Annelie Lamers, SEVERUS Verlag
Umschlagmotiv: www.pixabay.com

Bibliografische Information der Deutschen Nationalbibliothek: Die
Deutsche Nationalbibliothek verzeichnet diese Publikation in der
Deutschen Nationalbibliografie; detaillierte bibliografische Daten
sind im Internet über https://dnb.de abrufbar.

Der SEVERUS Verlag ist ein Imprint der Bedey & Thoms Media GmbH,
Hermannstal 119k, 22119 Hamburg

SEVERUS Verlag, 2020
http://www.severus-verlag.de
Gedruckt in Deutschland
Der SEVERUS Verlag übernimmt keine juristische Verantwortung
oder irgendeine Haftung für evtl. fehlerhafte Angaben und deren Folgen.

Theodore Roosevelt

Amerikanismus –
Schriften und Reden

Amerikanische Politik im 19. Jahrhundert

Inhalt

Vorwort

Seit langen Jahren schon spielt in der internationalen Politik das Schlagwort von der „amerikanischen Gefahr" eine große Rolle. Der beispiellose Aufschwung, den der Außenhandel der Vereinigten Staaten in den letzten Jahren genommen hat, die Konkurrenz, die amerikanische Industrieprodukte den europäischen Erzeugnissen auf dem Weltmarkt und in Europa selber bereiten, war die Veranlassung, dass man dieser amerikanischen Gefahr vielfach geradezu kopflos gegenüberstand. Man sprach von dem „jungen Riesen Amerika" und dem „altersschwachen Europa", man hielt es für ausgemacht, dass der amerikanische Handel den europäischen eines Tages vollständig aus dem Sattel heben würde und suchte diese pessimistische Schlussfolgerung zu beweisen mit Hilfe der Statistik, die für die amerikanischen Exportziffern ein von Jahr zu Jahr wachsendes riesenhaftes Plus angibt. Und hervorragende Staatsmänner glaubten ganz ernsthaft, dieser amerikanischen Gefahr nur dadurch begegnen zu können, dass den Vereinigten Staaten von Nordamerika die in wirtschaftlicher Beziehung „Vereinigten Staaten von Europa" entgegentreten könnten.

Am 20. November 1897 erklärte der österreichisch-ungarische Minister Graf Goluchowski in den Delegationen: „Das 20. Jahrhundert sagt sich für Europa als ein Jahrhundert des Ringens ums Dasein auf handelspolitischem Gebiete an, und die Völker Europas müssen sich vereinigen, um mit Erfolg die Voraussetzungen zu verteidigen auf denen ihre Lebenskraft beruht."

Und wenige Tage später griff der Präsident des englischen Handelsamtes Ritchie diesen Gedanken auf, indem er betonte, wie gefährlich auch immer die deutsche Konkurrenz für den englischen Handel sei, zehnmal gefährlicher wäre die Konkurrenz Amerikas.

So wenig angebracht auch ein übertriebener Pessimismus in Bezug auf die wirtschaftliche Machtstellung der Vereinigten Staaten sein mag, so wenig angebracht ist es wiederum, der mit Riesenschritten forteilenden politischen und wirtschaftlichen Entwicklung des jungen amerikanischen Staatswesens gleichgültig gegenüberzustehen. Nicht durch das Hinneigen zu utopischen Zukunftsträumen, wie es ein europäisches Zollbündnis mit seiner fraghaften Wirkung sein würde, ist der amerikanischen Gefahr zu begegnen, sondern dadurch, dass wir mit dem Zeitgeist fortschreiten und jederzeit innerlich so gerüstet dastehen, um amerikanische Angriffe auf echt amerikanische Manier parieren zu können. Die ungeheuerlichen an den Namen Morgans sich knüpfenden Transaktionen, die im vergangenen Jahr die alte Welt in Erstaunen und Schrecken setzte, und die für den englischen Überseehandel noch viel gefahrvoller gewesen wären, wenn der englische Staat nicht viele Millionen auf dem Altar der nationalen Ehre geopfert hätte, würden in Deutschland nicht so spurlos vorübergegangen sein, wenn die deutschen Schifffahrtsgesellschaften nicht innerlich gefestigt gewesen, wenn dem übermächtigen Morganismus nicht ein ebenso mächtiger Ballinismus das Gleichgewicht gehalten hätte.

Es ist kein Wunder, wenn die ungewöhnlichen Erfolge, die die Amerikaner in den letzten Jahren errungen haben, in den Vereinigten Staaten vielfach ein Gefühl übermütigen Stolzes hervorgerufen haben. Eines Stolzes, dem man die Berechtigung billigerweise nicht einmal abstreiten kann. Amerika ist Trumpf in der internationalen Politik.

Das haben wir erst in diesen Tagen wieder anlässlich des Venezuela-Streites mit so frappanter Deutlichkeit gesehen. Die Vereinigten Staaten sind ein erstklassiger Faktor geworden, mit dem in der internationalen Politik gerechnet werden muss. Und wenn von Europa her selber das Loblied Amerikas in allen Tönen gesungen wird, wenn Männer wie der ehemalige italienische Ministerpräsident Rudini die Vereinigten Staaten für die „fortgeschrittenste Form der modernen Zivilisation" erklären, dann ist es fast selbstverständlich, wenn der erste Beamte des heutigen amerikanischen Staatswesens den Satz ausspricht: „Von allen Völkern der Erde hat das Unsere die Zukunft für sich."

Roosevelt ist der typischste Vertreter des heutigen Amerikanismus, der konsequenteste Verfechter des Amerikanismus. Er ist der jüngste aller Präsidenten der Vereinigten Staaten. Mit Ausnahme von Grant, Cleveland und Pierce waren alle seine Vorgänger über fünfzig Jahre alt, als sie ihren Einzug in das Weiße Haus hielten. Dennoch wird niemand behaupten können, dass Roosevelt lediglich dem tragischen Ausgang, den das Leben McKinleys genommen hat, sein hohes Amt verdankt. Er war der gegebene Präsidentschaftskandidat für die Zukunft. Wer dem republikanischen Nationalkonvent im Juni 1900 beigewohnt hat, weiß, dass sich schon damals die Augen aller Republikaner auf Roosevelt, als den Mann der Zukunft, richteten. Als einer der Anwesenden, nachdem Roosevelt seine Empfehlungsrede für die Kandidatur McKinleys beendet hatte, ihm zurief: „Aber 1904 sind Sie an der Reihe!" – da sprach er nur das aus, was die ganze Versammlung fühlte. Das Drama von Buffalo hat Roosevelt höchstens um einige Jahre früher die höchste Würde erreichen lassen, die einem amerikanischen Bürger zu erlangen überhaupt vergönnt ist.

Es nimmt für den Menschen und den Charakter Roosevelts ungemein ein, dass er in dem bisherigen Verlauf seiner Präsidentschaft genau das gehalten hat, was seine Freunde von ihm erwarteten und erwarten durften. Der Präsident Roosevelt ist aus demselben Holze geschnitzt wie der einfache Deputierte Roosevelt. Es ist ein Zeichen der Charakterstärke und innerlichen Festigkeit dieses Mannes, dass er als Präsident dem treu geblieben ist, was er in zahlreichen Wahlreden und Zeitungsartikeln zu einer Zeit vertreten hat, wo er wohl selber kaum den Gedanken an die Präsidentschaft ernsthaft erwogen haben mag. Das frische, mutige, um keine Tradition sich kümmernde feste Zupacken, für das er in seinen Artikeln so oft und immer wieder eingetreten war, zeichnet ihn auch in seiner Eigenschaft als Präsident aus. Er, der für die befreiende Tat Lincolns nicht genug Worte des Lobes hatte finden können, nahm auch als Präsident der Negerfrage gegenüber sofort einen Standpunkt ein, der ihn von dem seiner Vorgänger wesentlich unterscheidet. Er begnügt sich nicht mit schönen Worten, er setzt sie auch in Taten um. Es ist bekannt, welches Entsetzen es erregte, als Roosevelt bald nach seinem Amtsantritt den Negerprofessor Booker-Washington zu sich in das Weiße Haus einlud. Und wir sehen, wie sehr Roosevelt sich die Sympathien in den Südstaaten zu verscherzen droht, indem er weiter bemüht ist, aus der theoretischen Gleichberechtigung der schwarzen und weißen Rasse praktische Konsequenzen zu ziehen. Käme es Roosevelt lediglich darauf an, Propaganda zu machen für seine Wiederwahl, dann würde er sich hüten, so energisch zu einer Frage Stellung zu nehmen, der seine Vorgänger sorgsam aus dem Wege gegangen sind. In einem Artikel über den amerikanischen Jungen sagt er einmal: „Ein Feigling, der sich beleidigen lässt ohne sich zu verteidigen, ist ein verächtliches Wesen, aber noch mehr zu verachten ist derjenige, der nicht das, was er für recht hält, seinen Kameraden gegenüber, die seiner Meinung nach Unrecht haben, stets und unter allen Umständen verteidigt." Dass Roosevelt nach diesem Prinzip auch gegenwärtig handelt, sehen wir eben in seiner Stellungnahme zur Negerfrage.

Willensstärke und Selbständigkeit des Charakters scheinen die beiden treibenden Eigenschaften in Roosevelt zu sein, die allen seinen Handlungen ihren Stempel aufdrücken. Aber dadurch, dass er so ganz und gar Persönlichkeit, so ganz und gar Ich-Mensch ist, ohne autokratische Allüren, gewinnt er sich die Sympathien aller rechtlich und unabhängig Denkenden. Seine entschlossene aber doch stets abwägende, nie zu überstürzten Handlungen neigende Art sichert ihm eine Popularität, wie sie kein professioneller Popularitätshascher zu erlangen imstande ist.

Roosevelt ist ein Mann, der sich von jeder Einseitigkeit fern hält. Sein glühender Patriotismus macht ihn zu einem Feinde aller kosmopolitischen Bestrebungen. Für ihn heißt leben kämpfen, und für die Weltfriedensideen einer fernen Zukunft hat er nichts übrig. Das Friedensideal als höchstes erstrebenswertes Ziel der Menschheit dünkt ihm unmännlich. Dennoch ist er ein warmer Freund von Kunst und Wissenschaft, und nichts ist verkehrter als in ihm den einseitigen Vertreter eines Rough-Ridertums oder eines imperialistischen Chauvinisten zu sehen. So sehr er auch ein Bewunderer von Lincoln, Napoleon und Cromwell ist – über den letzteren hat er selber ein Buch geschrieben – so sehr schätzt er große Dichter, Künstler und Gelehrte. In seinen Augen ist Kant, der achtzig Jahre hindurch ruhig in den Mauern seiner Vaterstadt gesessen hat, mit der Ausarbeitung seines philosophischen Systems beschäftigt, ein Mann, der für die Welt ebenso nützlich gewesen ist, wie der berühmteste Feldherr und Welteroberer. Aber immer wieder betont er, dass die Pflege von Wissenschaften und Künsten nicht auf Kosten des persönlichen Mutes, der männlichen *virtus* geschehen dürfe. Dem Ideal eines Mannes, das Roosevelt seinen Landsleuten immer von neuem vorzuführen bestrebt ist, sucht er selber am nächsten zu kommen. Sein bisheriges Leben und seine Schriften sind der beste Beweis dafür.

Glückliche äußere Umstände haben allerdings dazu beigetragen, dass Roosevelt sein Leben ganz nach seinen persönlichen Neigungen und Überzeugungen einrichten konnte. Seitdem Klaas Martenszen van Roosevelt im Jahre 1649 aus der holländischen Provinz Seeland nach der neuen Welt ausgewandert war, haben die Roosevelts in Amerika zu den tonangebenden Familien gehört. Seit acht Generationen ist die Familie Roosevelt ununterbrochen in New York ansässig gewesen, und schon 1700 finden wir einen Roosevelt unter den Aldermen der New Yorker Kommune verzeichnet.

Wie die meisten Söhne reicher amerikanischer Familien hat auch Roosevelt nach Beendigung seiner Studien seine Europareise gemacht. Er hat 1880 die Schweiz besucht, die Jungfrau und das Matterhorn bestiegen, um dann nach seiner Rückkehr nach Amerika eine Zeit lang das ungebundene Leben eines Rancho zu führen, nach seinem eignen Ausspruch die bei weitem glücklichste Periode seines Lebens. Seit seinem 25. Jahre stand er mitten drin im politischen Leben, das ihn so schnell die höchste politische Staffel seines Landes erklimmen ließ.

In seinem Blockhaus im fernen Westen hatte er eine kleine Bibliothek, in der Fenimore Cooper, Mayne Reid, Irving, Hawthorne, Lowell und Poe den Ehrenplatz einnahmen. Sein Lieblingsschriftsteller aber ist Plutarch, den er auf Reisen fast immer bei sich führte.

Als Schriftsteller ist er nicht nur auf politischem und wirtschaftlichem Gebiet hervorgetreten, auch seine Jagdabenteuer hat er in verschiedenen Zeitschriften öfters geschildert. Bekannt ist sein „*Ranch Life and Hunting Trail*",

worin er mit großer Anschaulichkeit von seinem Rancho-
leben im Wilden Westen erzählt.

Es ist nicht leicht aus den etwa fünfzehn Bänden, die die
Schriften Roosevelts bereits zählen, das herauszugreifen,
was am meisten Anspruch auf aktuelles Interesse machen
kann und den Menschen und Schriftsteller Roosevelt am
besten charakterisiert. Mit besonderem Dank muss ich deshalb konstatieren, dass ich für die hier vereinigten Artikel
eine kurze holländische Ausgabe von Roosevelts Schriften
benutzen konnte, die von J. de Hoop Scheffer besorgt ist
(Haarlem, Verlag von Vincent Loosjes).

Was Roosevelt über den wahren Amerikanismus sagt,
wie er sich zu der vielumstrittenen Frage der Monroe-Lehre
stellt, das erscheint mir nicht minder interessant wie Roosevelts Auftreten als Wahlredner und Kritiker. Welches
Thema Roosevelt aber auch anschneidet, stets bleibt er
sich gleich, stets gibt er sich als ein Mann aus einem Guss.
Und die nähere Bekanntschaft zu vermitteln mit diesem
Manne, der in dem politischen Leben der Gegenwart eine
so markante Stellung einnimmt und aller Voraussicht nach
auch in den nächsten Jahren einnehmen wird, erscheint
mir eine so dankenswerte Aufgabe, dass sie wohl des weit-
gehendsten Interesses sicher sein darf.

Hamburg, März 1903.
Dr. Paul Raché.

Der wahre Amerikanismus

(APRIL 1894)

Wir Amerikaner haben viele ernste Aufgaben zu lösen, viele drohende Gefahren abzuwehren, viele Taten zu verrichten, wozu es uns, wie ich fest hoffe, nicht fehlen wird an der nötigen Weisheit, Kraft, Energie und Tüchtigkeit. Aber wir müssen die Tatsachen nicht beschönigen, wir dürfen uns ebenso wenig einem törichten Optimismus hingeben, wie in einen ängstlichen, unwürdigen Pessimismus verfallen.

Von allen Völkern der Erde hat das Unsere die Zukunft für sich. Wir genießen außergewöhnliche Vorteile, werden aber auch durch außergewöhnliche Gefahren bedroht. Alles deutet darauf hin, dass wir tief fallen oder hoch emporsteigen werden. Ich bin fest davon überzeugt, dass wir triumphieren werden, wenn wir die Augen nicht verschließen vor drohenden Gefahren. Wir müssen im Gegenteil die Gefahren mit aller Ruhe aufsuchen und ergründen. Erst müssen wir das Vorhandensein einer solchen Gefahr erkennen und sie dann unverzüglich mit aller Kraft bekämpfen.

Es gibt allerlei Arten von Gefahren, und eine jede muss für sich behandelt werden, aber bei allen ist eines unumgänglich nötig: ein intensiver und kräftiger *Amerikanismus*. Niemals werden wir die Gefahren, die uns umgeben, überwinden, niemals etwas Großes zustande bringen, niemals das hohe Ideal erreichen, das die Gründer und Verteidiger unserer mächtigen Republik uns vorgezeichnet haben, wenn wir nicht mit Herz und Seele, in Wort und Tat Amerikaner sind, durchdrungen von der Verantwortlichkeit, die der Name Amerikaner uns auferlegt und stolz auf das große Vorrecht, diesen Namen tragen zu dürfen.

Die Frage des Amerikanismus hat zwei oder drei Seiten, und in zwei- oder dreifacher Hinsicht kann das Wort gebraucht werden, um etwas zu bezeichnen, das das Gegenteil von krankhaft und verkehrt ist.

Zuerst sei gesagt, dass das Wort Amerikaner in weitem Sinne aufgefasst werden muss: als Bürger des ganzen Reiches, im Gegensatz zu dem Kleinstädter, der ganz in lokalen Interessen aufgeht.

In der Politik, in der Literatur, in der Kunst dürfen wir uns nicht von diesem ungesunden parochialen Geist an kränkeln lassen, dieser Vergötterung einer kleinen Gemeinde auf Kosten einer großen Nation, woraus dann der sogenannte Lokalpatriotismus entsteht, der Patriotismus der Kirchturmpolitiker.

Das Überwuchern dieses Geistes war der hauptsächlichste Widerstand gegen den die alten Republiken Griechenlands, die mittelalterlichen Republiken Italiens und die deutschen Kleinstaaten des 18. Jahrhunderts zu kämpfen hatten. Der Geist des Lokalpatriotismus, das Fehlen von Nationalitätsgefühl, ist eine der hauptsächlichsten Ursachen der Regierungslosigkeit in den südamerikanischen Staaten, die die Aufrichtung eines großen spanisch-amerikanischen Bundes vom Rio Grande bis zum Kap Horn verhindert hat, anstatt all der unsicheren, revolutionssüchtigen kleinen Staaten, die sich an Ohnmacht gegenseitig nichts nachgeben.

Weniger als früher spürt man diesen parochialen Geist. Nur hier und da schießt er zuweilen noch empor. Wir müssen uns hüten, von nördlicher oder südlicher, von östlicher oder westlicher Kunst und Literatur zu sprechen.

Joel Chandler Harris ist sicher ein nationaler Schriftsteller, ebenso Mark Twain. Sie schreiben nicht ausschließlich für Georgia oder Kalifornien oder Missouri, sondern ebenso gut für Illinois und Connecticut. Sie schreiben als Amerikaner und für jedermann, der englisch lesen kann. St. Gaudens wohnt in New York, doch seine Schriften tragen ebenso gut den Stempel von Boston wie von Chicago. Eine reiche Literatur und ein gut entwickelter literarischer Geschmack sind von sehr großer Wichtigkeit für die Vereinigten Staaten. Ob aber New York oder Boston oder Chicago oder auch San Francisco den Mittelpunkt von Literatur und Kunst bildet, macht nichts aus.

Die Frage des Amerikanismus im weiteren Sinne hat noch eine zweite Seite.

Kirchturmpolitik und engbegrenzter Lokalpatriotismus sind verkehrt, aber das Fehlen jeglicher Vaterlandsliebe ist schlimmer. Einige Gelehrte wollen zwar glauben machen, dass in der Zukunft Vaterlandsliebe nicht mehr angesehen werden wird als Tugend, sondern höchstens als eine Zwischenstation des menschlichen Verstandes auf dem Wege nach dem Zustand, wo Patriotismus die gesamte Menschheit und die ganze Welt umfasst. Wohl möglich. Doch die Zukunft, von der die Gelehrten sprechen, liegt nicht greifbar vor uns da. Die Gelehrten sind ihrer Zeit so weit voraus, dass sich das gegenwärtige Geschlecht wenig um sie zu kümmern braucht. Es kann sein, dass in jener zeitenfernen Zukunft, von der wir uns noch keine Vorstellung machen können, Patriotismus nicht mehr für eine Tugend angesehen werden wird, ebenso wie die Menschen, die dann leben, vielleicht die Nase rümpfen werden über unsere bürgerliche Heirat. Aber so, wie die Verhältnisse jetzt liegen und wie sie in den letzten zwei- oder dreitausend Jahren gewesen sind und höchstwahrscheinlich auch noch zwei- oder dreitausend Jahre sein werden, haben zwei

Worte noch immer große Bedeutung: eigener Herd und Vaterland. Sie weisen keine Zeichen von Verfall auf. Landverrat und Ehebruch werden noch immer zu den allerschlimmsten Missetaten gezählt.

Wer keinen Landverrat begeht, ist deshalb noch kein guter Bürger. Der Amerikaner, dessen Sinn nach Europa steht, der keinen Beruf in sich fühlt, an dieser Seite des Meeres etwas Gutes zustande zu bringen, der die Liebe zu dem Boden, auf dem er geboren ist, verloren hat, ist kein Landesverräter sondern ein unnützer, unwillkommener Landesgenosse. Und in unserer politischen Welt ist er ein ebenso gefährliches Element, wie es der Ausländer, der Fremde bleibt. Nichts macht jemand schneller und sicherer ungeschickt um etwas Tüchtiges in der Welt zu leisten, als das schlaffe Gefühl, das man Kosmopolitismus nennt.

Es ist nicht genug, dass die Kolonisten, die sich hier niederließen, amerikanische Bürger wurden, sondern es ist auch notwendig, dass diejenigen, die von Geburt und Abkunft Amerikaner sind, ihr Geburtsrecht nicht wegwerfen und in unbegreiflichem und verächtlichem Unverstand wieder zurückkehren und niederknien vor den gemeinsamen Göttern, die unsere Väter abgeschworen haben.

Man kann es fast nicht glauben, dass Amerikaner noch gewarnt werden müssen vor der komischen Figur, die sie in den Augen eines jeden verständigen Menschen durch ihre Nachäfferei anderer Kulturvölker bilden. Und doch ist diese Warnung nicht ganz überflüssig, selbst nicht für manchen, der sich eines hohen Ansehens in der Welt der Literatur oder Kunst rühmt oder der für tonangebend in der Gesellschaft gelten will.

Das Ursprüngliche ist stets dem Nachgemachten vorzuziehen, auch wenn das Nachgemachte noch so vollkommen ist. Was sollen wir aber sagen von dem Toren, der etwas nachahmt, was er selbst besser machen kann? Selbst wenn die nachäffenden Amerikaner Recht hätten, andere Nationen für besser zu halten als ihre eigene, so bleibt es doch immer wahr, dass ein prima Amerikaner fünfzigmal mehr wert ist als die inferiore Nachahmung eines Franzosen oder Engländers. Man kann getrost annehmen, dass diejenigen unserer Landsleute, die an die Inferiorität von Amerika glauben, doch, wie entwickelt sie auch sonst sein mögen, in ihrer sittlichen oder geistigen Erziehung irgendeinen Fehler haben müssen. Das große Publikum, das in Mark und Bein vaterlandsliebend und gesund an Geist ist, hat alle Ursache, spöttisch und ärgerlich auf diese abtrünnigen Schwächlinge herabzublicken.

Alles eingewurzelte Übel muss ausgerottet werden, und wenn es noch so sehr eine unserem Lande eigentümliche Erscheinung ist. Aber alles, was gut und trefflich ist, muss festgehalten werden, gleichgültig von woher es kommt. Die Fehler in anderen Staatswesen dürfen für uns kein Grund sein, uns über die Fehler hinwegzutrösten, die unserem eigenen anhaften. Ist auch der höfische Kriecher ein Betrüger, so ist deshalb der Demagoge kein minder großer Schurke.

Trotz unserer Fehler und Gebrechen gibt es kein Land auf der ganzen Welt, das so sehr einem jeden, der davon Gebrauch zu machen versteht, Gelegenheit zum Vorwärtskommen bietet, wie das unsere. Keiner von uns kann aber etwas Ordentliches zustande bringen, wenn er es nicht auf echt amerikanische Weise anpackt. Das bei einigen Menschen noch nicht ganz ausgestorbene Gefühl, dass wir früher eine abhängige Kolonie gewesen sind, nebst einer übertriebenen Rücksicht auf die Meinung Europas, ist die Ursache, dass die Menschen nicht haben ausführen können was sie tun mussten. Wo wir am unabhängigsten aufgetreten sind, haben wir auch die besten Resultate erzielt.

Denjenigen Berufen, die ohne sklavisches Nachahmen in verständiger Weise Gebrauch gemacht haben von den ausländischen Erfindungen, hat unser Land seine größten Männer zu danken. Unsere Soldaten und Staatsleute und Redner, unsere Entdeckungsreisenden und Landpioniere, die Männer, die unsere Gesetze gemacht haben und für ihre Ausführung sorgten, all' diejenigen, deren Willenskraft unsere so erstaunlich große materielle Wohlfahrt zustande gebracht hat – sie sind alle Menschen gewesen, die die Erfindungen aller Zeiten benutzt haben, aber die nichtsdestoweniger gedacht, gearbeitet, gelebt, gesiegt haben als Amerikaner. Im Ganzen haben die Menschen in der kurzen Zeit unseres Volksdaseins mehr hervorgebracht als in irgendeinem anderen Lande zustande gekommen ist.

In den Fächern und Berufszweigen dagegen, in denen wir uns so viel wie möglich nach europäischen Sitten und Gebräuchen gerichtet haben, haben wir es am wenigsten weit gebracht. Das ist auch heute noch der Fall und wird umso deutlicher, wenn sich der Amerikaner in Europa niederlässt. Durch seine Überkultur, Reizbarkeit und Nervosität wird er ein Europäer zweiten Ranges und hat die nötige Besonnenheit und den nötigen männlichen Mut verloren, um in dem harten Kampf um unseren Nationalcharakter zu triumphieren. Man bedenke wohl, ein solcher Mensch ist auch kein Europäer geworden, er hat bloß aufgehört, Amerikaner zu sein. Er wird nichts. Er wirft sein großes Geld dem kleinen Geld nach und bekommt nicht 'mal das kleine Geld zurück.

Der Maler, der nach Paris geht, nicht um dort ein paar Jahre zu studieren, sondern mit dem festen Vorsatz, sich dort für immer niederzulassen und den tiefen Spuren von Tausenden seiner Vorgänger zu folgen, anstatt eine eigene Furche zu ziehen und dabei zu siegen oder zu fallen, verspielt seine Chance, etwas Besonderes zustande zu bringen, völlig. Er muss sich damit zufrieden geben, nach Möglichkeit das Gute zu erreichen, was vor ihm schon viel besser erreicht worden ist.

Er hat zumeist keinen Blick für das Große, das Malerische, das jeder vor Augen hat, der im Stande ist, in dem Buche von Amerikas Gegenwart und Vergangenheit zu lesen.

Ebenso der mittelmäßige Schriftsteller, der mit seiner Feinfühligkeit und weibischen Zartheit das Leben an dieser Seite des Ozeans zu rau und zu roh findet, der nicht im Stande ist, eine Männerrolle unter den Männern zu spielen und der sich vor dem Winde zu schützen sucht, der kräftigere Geister, wie er es ist, nur stärkt. Dieser Landflüchtige mag gute und nette Verse, Artikel und Romane schreiben, doch niemals werden seine Werke einen Vergleich aushalten können mit denen seines Mitbewerbers, der stark genug ist, auf eigenen Füßen zu stehen und der in seiner amerikanischen Manier arbeitet.

Ebenso der Gelehrte, der seine Jugend an einer deutschen Universität zubringt, und sein ganzes Leben lang nur auf den Äckern arbeiten kann, die schon fünfzigmal von deutschen Pflügen bearbeitet sind.

Ebenso die törichten Eltern, die ihre Kinder im Ausland erziehen lassen, in völliger Verkennung der für jeden Einsichtigen völlig klaren Tatsache, dass der Amerikaner, der in seinem Lande vorwärts kommen will, auch mitten unter seinen Landsleuten aufgewachsen sein muss. Besonders in einigen nordöstlichen Städten, unter Menschen, die als tonangebend in der sogenannten Welt gelten wollen, und die es in mancher Hinsicht auch wirklich sind, kommt diese koloniale Auffassung, diese kleingeistige, verächtliche Bewunderung für alles, was ausländisch ist, die Befürchtung, nicht auf eigenen Füßen stehen zu können, am meisten vor.

Wir erkennen den Nutzen einer ordentlichen, verdienten Erholung an, aber das Verlangen nach einem gemächlichen Leben kann niemandes alleiniges einziges Ziel sein. Wir erkennen den noch größeren Nutzen derjenigen an, die keinen praktischen Beruf haben, aber ihre ganze Zeit der Politik oder Philanthropie, der Wissenschaft oder Kunst widmen. Aber Menschen, die ihre Zeit mit Nichtstun zubringen, sind ein Fluch für die Gesellschaft und werden zu einem lächerlichen, schädlichen Element in der politischen Welt, wenn sie alles daran setzen, um die schlechtesten und nicht die besten Eigenschaften ihrer überseeischen Gesinnungsgenossen anzunehmen.

Die dritte Bedeutung, in der das Wort Amerikanismus gebraucht werden kann, betrifft das Einbürgern der neu zu uns Kommenden. Wir müssen aus ihnen Amerikaner machen in jeder Hinsicht: in der Sprache, in den politischen Anschauungen und Grundbegriffen, in ihrer Auffassung über das Verhältnis von Staat und Kirche. Wir heißen den Deutschen, den Iren willkommen, der Amerikaner werden will, aber wir können keinen Fremdling gebrauchen, der nicht von seiner Nationalität lassen will. Wir brauchen keine Deutsch-Amerikaner und Irisch-Amerikaner, die eine besondere Schicht in unserem politischen und gesellschaftlichen Leben bilden wollen. Wir können nichts anderes gebrauchen, als nur Amerikaner, und wenn sie das ganz sind, dann kann es uns gleich sein, ob sie, deutscher oder irischer Abkunft sind. Es ist in unserem gesunden, amerikanischen Gemeinwesen kein Bedürfnis für einen deutsch-amerikanischen oder irisch-amerikanischen Stamm. Es sind verächtliche, demagogische Kniffe, wenn man, um solche Stimmen zu gewinnen, einen Extraparagraphen in das Parteiprogramm hineinsetzt. Wir können keine Menschen gebrauchen, die nicht ganz und gar handeln und stimmen als Amerikaner. Ebenso wenig tragen wir Verlangen nach Menschen, die ihre religiösen Vorurteile in der Politik zur Schau bringen, wie nach solchen, die auf Stand und Nationalität sehen. Wir sind feurige Anhänger des öffentlichen Unterrichts. In der englischen und keiner anderen Sprache soll der Unterricht erteilt werden. Wir sind gegen die Verteilung von Schulfonds und gegen die Inanspruchnahme des Staatsschatzes für besondere Schulen. Subventionierte, besondere Schulen braucht der Staat in keiner Form anzuerkennen.

Ebenso sehr verurteilen wir es, wenn der Glaube irgendeines Menschen in die Waagschale geworfen wird. Wir fordern, dass alle Bürger, Protestanten und Katholiken, Israeliten und Ungläubige, gleichmäßig behandelt und in ihren Rechten beschützt werden sollen.

Unser Widerstand gegen besondere, vom Staat subventionierte Schulen legt uns die Verpflichtung auf, dafür zu sorgen, dass in den öffentlichen Schulen keinerlei Glaubensunterschiede gemacht werden. Die Schulaufseher, die Lehrer, die Schüler, alle müssen völlig gleich behandelt werden, ohne Rücksicht auf ihren Glauben. Es ist eine Schande, bei irgendeiner Abstimmung für einen Staats- oder Stadtbeamten nach dessen Glauben zu fragen.

Der gewaltige Auswandererstrom nach unseren Küsten hat viel Gutes und auch viel Minderwertiges mit sich geführt. Ob das Gute über das Minderwertige den Sieg davonträgt, hängt einzig und allein davon ab, ob die Ankömmlinge völlig oder nicht in unser Volksleben aufgehen, ob sie aufhören Europäer zu sein, und Amerikaner zu werden, wie wir.

Mehr als ein Drittel der Bevölkerung der nördlichen Staaten sind Fremde von Geburt oder Abkunft. Eine sehr große Anzahl von ihnen sind hier vollständig eingebürgert, wie die Abkömmlinge der Puritaner oder Knickerbocker und haben ihren vollen und ehrlichen Anteil an unserer Volkswohlfahrt. Einwanderer oder Söhne von Einwanderern, die nicht mit ganzem Herzen und mit vollem Vertrauen ihr Los mit dem unseren verbinden, und sich an die Sprache, die Sitten, die Lebensweise und das Denken der Alten Welt, die sie verlassen haben, festklammern, benachteiligen sich selber ebenso sehr wie uns. Bleiben sie feindliche Elemente, lösen sie sich nicht in uns auf, haben sie andere Interessen als die unseren, so sind sie nur Hindernisse auf dem Wege des Volkslebens und können selber nichts Gutes davon erwarten.

Es ist ein unsagbar großer Vorteil für einen Einwanderer, amerikanischer Bürger zu werden. Der Name Amerikaner ist ein Ehrentitel. Wer anders darüber denkt, hat kein Recht diesen Titel zu tragen und muss, wenn er aus Europa kommt, je eher je lieber dorthin zurückkehren.

Der Mann, der sich hier nicht einbürgert, kann deshalb doch kein Europäer bleiben. Er wird nichts. Unmöglich kann der Einwanderer bleiben, was er war: Mitglied der Gesellschaft der Alten Welt. Wenn er versuchen wird, seine Muttersprache weiterzusprechen: nach einigen Geschlechtern wird sie in ein hässliches Kauderwelsch entartet sein. Hält er fest an seinen alten Sitten und Gewohnheiten, so wird er binnen kurzem ein unbeholfener Sonderling. Er hat die alte Welt hinter sich gelassen und kann nicht länger mit ihr in Verbindung stehen. Will er jemals etwas gelten, dann muss er sich bedingungslos mit Herz und Seele in das Leben werfen, das er ausgesucht hat.

Es ist sehr notwendig, durch strengere Gesetze die Einwanderung zu beschränken und zu regeln, namentlich die Arbeiter, die auf den Arbeitsmarkt drücken, abzuwehren, oder Rassen, die sich schwer mit der unseren vermischen oder unwürdige Individuen aus den verschiedenen Nationen, nicht allein Verbrecher, Idioten und Bettler, sondern auch Anarchisten von der Sorte wie Most und O'Donovan Rossa.

Von seinem Standpunkt aus handelt der Einwanderer zweifellos am verständigsten, ganz und gar Amerikaner zu werden, von unserem Standpunkt aus haben wir das Recht, dies von ihm zu fordern. Als gute Kameraden, ohne nach Glauben oder Geburtsort zu fragen reichen wir die Hand zum Willkommen jedem dar, der mit der ehrlichen Absicht zu uns kommt, gleich uns ein guter Bürger der Vereinigten Staaten zu werden. Aber wir haben das Recht, und es ist unsere Pflicht, es zu fordern, dass er es wirklich wird und uns nicht durch alle möglichen Vorurteile aus der alten Welt hindert. Mancherlei muss er aufgeben. So muss er z.B. einsehen, dass in dem amerikanischen Gemeinwesen kein Platz ist für die Anarchie, unter welcher Form sie auch auftritt, ebenso wenig für geheime Gesellschaften, deren Ziel der Mord hier oder im Auslande ist. Auch muss er wissen, dass bei uns vollkommene Religionsfreiheit und vollkommene Scheidung von Kirche und Staat eingeführt ist. Er muss daher die religiösen Streitpunkte und religiösen Antipathien des alten Europa vergessen in der Liebe zu unserem gemeinsamen Land und stolz auf die Dinge sein, auf die wir alle stolz sind. Er muss unsere Flagge am Top haben und keine andere darunter hängen. Er muss Washingtons Geburtstag anstatt den der Königin oder des Kaisers feiern und den 4. Juli anstelle des St. Patricks Tages. Unsere politischen und sozialen Fragen müssen für sich selber behandelt werden, ohne dass alte Unterschiede zwischen England und Irland oder zwischen Frankreich und Deutschland, mit denen wir nichts zu schaffen haben, herbeigeholt und die Fragen dadurch noch verwickelter gemacht werden. Vor allem muss der Einwanderer amerikanisch sprechen, denken und sein lernen.

Der Einwanderer von heute kann viel lernen von den ehemaligen Einwanderern, die vor dem Unabhängigkeitskrieg nach Amerika kamen. Ebenso wie jetzt waren wir schon damals ein Volk aus gemischtem Blut. Eine große Anzahl der berühmtesten Namen aus diesem Kriege gehört Abkömmlingen von Hugenotten an: Jay, Sevier, Marion, Laurens. Im Allgemeinen waren die Hugenotten unsere besten Einwanderer. Schneller und gründlicher als irgendein anderes Volk wurden sie in Sprache, Sitten und Denken amerikanisch. Die Holländer hatten es schon schwieriger sich einzuleben. Aber es ist ihnen schließlich doch geglückt, und sie sind gut dabei gefahren. Einer der hervorragendsten Generale aus dem Unabhängigkeitskrieg, Schuyler und einer der Präsidenten der Vereinigten Staaten, van Buren, waren holländischer Abkunft, aber sie stiegen zu ihren Stellungen, den höchsten hier zu Lande, empor, weil sie Amerikaner geworden waren und aufgehört hatten, Holländer zu sein.

Ebenso die Deutschen in Pennsylvania. Sie, die sich bei uns einbürgerten, haben seit den Tagen der Mühlenbergers eine Menge ehrenvoller Namen unserer Geschichte hinzugefügt. Diejenigen dagegen, die nicht Amerikaner geworden sind, bilden bis auf den heutigen Tag eine kleine, unbedeutende Klubgemeinde, die ganz ohne Bedeutung für das Dasein Amerikas ist.

Dasselbe ist auch der Fall bei den Iren, die den Geschichtsbüchern des Unabhängigkeitskrieges Namen schenkten wie Carroll und Sullivan, und denen des Bürgerkrieges einen Mann wie Sheridan, Männer, die Amerikaner und nichts anderes wie Amerikaner waren.

Die Iren, die Iren bleiben und sich nur mit auswärtiger Politik befassen, können nur einen mangelhaften Einfluss auf das amerikanische Leben haben und niemals zu der Höhe emporsteigen, die von denjenigen ihrer Landsleute erreicht ist, die schließlich Amerikaner geworden sind.

Alle Menschen, ohne Unterschied, die hierhergekommen sind, haben dies erfahren. Auch auf Kirchen findet all das Anwendung. Eine Kirche, die ausländisch in Sprache und Geist bleibt, ist dem Untergang geweiht.

Man verstehe mich wohl. Amerikanismus ist eine Frage der Begeisterung, der Überzeugung und des Strebens und hat mit Glauben und Abstammung nichts zu tun. Der Staatsmann, der mit den irischen oder deutschen Stimmen liebäugelt, und der Ire oder Deutsche, der ihm zuliebe seine Stimme abgibt, sind verächtlich, denn alle Bürger dieser Republik müssen als Amerikaner stimmen. Nicht minder verächtlich ist derjenige, der gegen einen tüchtigen Amerikaner stimmt, nur weil dieser in Irland oder Deutschland geboren ist. Es ist hässlich, jemand wegen seines Glaubens oder wegen seiner Abstammung entgegenzuarbeiten, und alle guten Bürger sollten derartige Versuche verabscheuen. Ein Skandinavier, ein Deutscher oder ein Ire, der wirklich Amerikaner geworden ist, hat das Recht, mit jedem Bürger gleichgestellt zu werden. Und er hat ein Recht auf die Freundschaft und die gesellschaftliche und politische Unterstützung seiner Mitbürger.

Es sind zufällig unter den Menschen, mit denen ich in der Gesellschaft in Berührung kam, und unter denen, die zu meinen besten Freunden und treuesten Mitarbeitern gehören, verschiedene, die über See geboren sind, in Deutschland, Irland, Skandinavien, und doch würde man schwerlich bessere Menschen als sie unter unseren hier zu Lande gebotenen Bürgern aufweisen können.

Zum Schluss kann ich die ideale Haltung unserer naturalisierten Mitbürger nicht besser kennzeichnen als durch die Worte eines amerikanischen Deputierten, der in Deutschland geboren ist, des hochgeachteten Richard Günther aus Wisconsin. In einer Rede aus Anlass der Samoafrage sagte er: „Wir wissen ebenso gut wie alle übrigen Amerikaner, was unsere Pflicht erfordert. Wir wollen arbeiten für unser Land in Friedenszeiten und dafür kämpfen in

Kriegszeiten, wenn es dazu kommen sollte. Wenn ich sage unser Land, dann meine ich natürlich unser Adoptivland, die Vereinigten Staaten von Amerika. Nachdem wir aus dem Schmelztiegel unserer Naturalisation wieder hervorgekommen sind, sind wir keine Deutschen mehr, wir sind Amerikaner geworden. Unsere Zuneigung zu Amerika darf nicht gemessen werden nach der Dauer unseres Aufenthaltes hier. Wir sind Amerikaner von dem Augenblick ab, wo wir den amerikanischen Boden betraten, bis zu dem, wo wir in das amerikanische Grab gelegt werden. Wenn nötig, sind wir bereit, für Amerika die Waffen zu ergreifen. Amerika ist das Erste und das Letzte, Amerika für ewig! Amerika vor Deutschland! Amerika vor der gesamten Welt! Amerika durch dick und dünn! Immer Amerika! Wir sind Amerikaner!"

Alle Ehre dem Manne, der solche Worte sprach. Ich glaube, dass sie die Gefühle der Mehrzahl unserer Mitbürger, die außer Landes geboren sind, ausdrücken.

Wir Amerikaner können die uns gewordene Aufgabe nur dann gut erfüllen, wenn wir schnell und mutig zugreifen, wenn wir die Gefahren erkennen, aber sie nicht fürchten oder gar meiden. Vor allem müssen wir Schulter an Schulter stehen, ohne nach der Abkunft oder dem Glauben unserer Kameraden zu fragen, allein fordernd, dass sie echte Amerikaner sind, und dass wir alle zusammen mit Herz und Hand und Haupt für die Ehre und die Größe unseres gemeinsamen Landes wirken.

Die Monroe-Lehre
(1896)

Die Monroe-Lehre darf nicht von einem rein wissenschaftlichen Standpunkt aus betrachtet werden. Sie ist ein allgemeines politisches Grundprinzip. Ihre Daseins-Berechtigung resultiert nicht nur aus früher erwiesenen Diensten, sondern trägt zugleich den Bedürfnissen der Nation Rechnung und befördert die wahren Interessen der westlichen Kultur.

Für unsere gegenwärtige Position ist es natürlich vorteilhaft, dass schon früher von Seiten der Regierungen so gehandelt wurde wie jetzt, und dass die Politik, die wir verfolgen, schon von allen großen Staatsmännern befolgt worden ist von dem Zeitpunkte an, wo unsere Republik mächtig genug war, sich mit Angelegenheiten des Auslandes zu beschäftigen. Aber selbst wenn wir in früheren Zeiten ebenso blind für die Ehre und die Wohlfahrt unseres Volkes gewesen wären, wie diejenigen sind, die jetzt in der Venezuela-Frage auf Seiten der Gegner Amerikas stehen, dann würden weitsehende, vaterlandsliebende Staatsmänner es dennoch für ratsam halten, nach den Grundsätzen der Monroe-Lehre zu handeln. Mit anderen Worten, bestände die Monroe-Lehre noch nicht, so würde sie unverzüglich verkündet werden.

Zuerst aber muss unser Gegenstand von ein paar irrigen Begriffen gesäubert werden.

Anfangs erklärte Lord Salisbury in sehr deutlicher Weise, dass er keineswegs die Monroe-Lehre als einen

Teil des Völkerrechts und bindend für Großbritannien anerkennen könne. Die meisten britischen Staatsmänner und Politiker waren dabei auf seiner Seite, bis sich jüngst eine beträchtliche Anzahl zu der Ansicht von Salisburys Amtsgenossen, Mr. Chamberlain, bekehrte, der mit großer Gleichgültigkeit gegen die ausgesprochene Meinung seines Chefs erklärte, dass England die Berechtigung der Monroe-Lehre anerkenne und niemals die Absicht gehabt habe, sie zu ignorieren. In der letzten Zeit schien auch Lord Salisbury seine Meinung geändert und sich zu dieser Auffassung bekehrt zu haben, der auch Mr. Balfour in noch größerem Maße huldigt. Für uns ist es von geringer Wichtigkeit, wie weit die Meinungen von Lord Salisbury und Chamberlain auseinandergehen, obgleich wir im Interesse der englisch sprechenden Völker und im Hinblick auf den Frieden zwischen England und den Vereinigten Staaten natürlich hoffen, dass Mr. Chamberlains Ansicht in Großbritannien durchdringen wird. Von großer Wichtigkeit ist es aber für uns, welchen Standpunkt unser eigenes Land dazu einnimmt, und wenn es nicht so traurig wäre, könnte man darüber lachen, dass eine so große Anzahl Amerikaner, deren Amerikanismus von einer furchtsamen, ängstlichen, weichen Art ist, so von ganzem Herzen Lord Salisbury zustimmte.

Vor noch nicht langer Zeit machte ein sehr gelehrtes Mitglied der New Yorker Richterschaft die Bemerkung, dass er noch niemals einen Rechtsgelehrten getroffen hätte, der sich mit der gesetzmäßigen Auslegung der Monroe-Lehre, wie sie Staatssekretär Olney gegeben hatte, einverstanden erklären könne. Diese Bemerkung war nur ein Zeugnis von des Richters eigener Beschränktheit, und würde von dem Richter eines höheren Gerichtshofes auch nicht unwidersprochen geblieben sein. Aber selbst wenn die Bemerkung begründet gewesen wäre, so würde sie ebenso wenig zu bedeuten gehabt haben, als wenn er gesagt hätte, er habe niemals einen Zahnarzt angetroffen, der mit Olney übereinstimmt.

Die Monroe-Lehre ist kein juristischer, sondern ein politischer Grundbegriff und muss von allen guten Bürgern ebenso wie von Staatsmännern in Erwägung gezogen werden. In ihrer Eigenschaft als Rechtsgelehrte haben die Juristen nichts damit zu tun. Der Einwand, dass die Lehre nicht als ein Grundsatz des Völkerrechts gelten kann, ist ein nutzloses Spiel mit Worten. Es kann jedermann gleichgültig sein, ob die Monroe-Lehre darin aufgenommen wird oder nicht, ebenso wie es jedermann gleichgültig sein kann, ob dies mit der Unabhängigkeitserklärung der Fall ist.

Der kurze Inhalt der Monroe-Lehre ist das Verbot europäischer Gebietserweiterung auf amerikanischem Boden.

Die Vereinigten Staaten fühlen nicht das mindeste Bedürfnis, ein allgemeines Protektorat über andere amerikanische Staaten zu proklamieren, und die Verantwortung für deren Zwistigkeiten zu übernehmen. Gerät einer von ihnen in Schwierigkeiten mit einem europäischen Staat, dann muss ihr Zwist auf die eine oder andere gebräuchliche Weise geschlichtet werden. Aber keiner europäischen Macht darf das Recht zugestanden werden, ihr Gebiet in Amerika auf Kosten eines amerikanischen Staates auszubreiten. Auch ist kein Austausch amerikanischer Kolonien zwischen europäischen Staaten gestattet, wenn die Vereinigten Staaten der Meinung sind, dass dieser Austausch ihren eigenen Interessen schädlich ist.

John Quincy Adams, der unter der Präsidentschaft von Monroe zuerst die Lehre, die den Namen seines Chefs trägt, klar auseinandersetzte, wandte sie später auf Spanien und Russland an. Energisch und mit Nachdruck verkündigte er, dass die Vereinigten Staaten nicht ihre Zustimmung zu irgendeiner Gebietserwerbung einer europäischen Macht innerhalb der Grenzen eines unabhängigen amerikanischen Staates geben könnten, gleichgültig, ob dieser Staat auf der nördlichen oder auf der südlichen Halbkugel gelegen sei. Er nahm diesen Standpunkt Russland gegenüber ein, als dieses drohte, das Land, was jetzt Oregon ist, in Besitz zu nehmen, und gegenüber Spanien, als dieses mit Zustimmung anderer europäischer Mächte einige der spanisch-amerikanischen Staaten erobern wollte.

Völlig in Übereinstimmung handeln damit die Vereinigten Staaten gegenwärtig England und Venezuela gegenüber. Es ist „töricht" zu behaupten, dass dieser Fall sich der Monroe-Lehre nicht anpassen lasse. Es steht natürlich einem jeden Amerikaner frei, die Monroe-Lehre nicht anzuerkennen, wenn er auch dadurch nicht gerade einen weiten Blick für die Zukunft und ein vaterlandsliebendes Eingehen auf die Interessen seines Landes zeigt. Aber er kann nicht behaupten, dass hier die Lehre nicht in Betracht kommt, wenn er ihr die Daseinsberechtigung überhaupt aberkennt. Fürwahr, solche Argumente sind der Widerlegung nicht wert und können ruhig in die Rumpelkammer des haarspaltenden Theoretikers geworfen werden.

Weder für den praktischen Politiker noch für den Geschichtsschreiber, der einen guten Blick für die Geschichte hat, haben sie irgendeinen Wert.

Die Grundsätze der Monroe-Lehre brachten wir nicht nur Russland und Spanien gegenüber in Anwendung, sondern auch bei mindestens zwei Gelegenheiten Frankreich gegenüber. Das letzte Mal, als Frankreich Mexiko eroberte und zu einem Kaiserreich erhob, war das wichtigere. In welcher Weise unsere Regierung in dieser Sache austrat, als der Bürgerkrieg zu Ende war, daran braucht wohl nicht erinnert zu werden. Es genügt zu sagen, dass die Franzosen, durch unsere Einmischung eingeschüchtert, Maximilian seinem Schicksal überließen, wodurch dessen Kaiserreich dem Untergang geweiht war.

Lange vorher, etwa 20 Jahre, bevor die Lehre mit dem Namen Monroes getauft wurde, huldigten die Staatsleute aus der Zeit Jeffersons bereits diesem Prinzip in ihrem Protest gegen Frankreichs Erwerbung Louisianas von Spanien. Spanien hatte damals alles im Besitz, was jetzt der große Westen genannt wird. Frankreich versuchte, es an sich zu ziehen. Unsere Regierung erklärte sofort, dass sie den Übergang des bewussten Gebietes aus den Händen einer schwachen in die einer starken europäischen Macht als einen Friedensbruch mit Amerika ansehen müsse. Und durch unsere Vermittlung kam das bewusste Gebiet schließlich durch Kauf in den Besitz der Vereinigten Staaten.

Der Grundsatz, den unsere Staatsleute damals verfolgten, passt ganz genau zu dem Grundsatz, den wir jetzt befolgen würden, wenn Deutschland Kuba von den Spaniern oder St. Thomas von den Dänen zu erwerben trachtete. In beiden Fällen ist es nicht denkbar, dass die Vereinigten Staaten zögern würden, wenn es nötig ist, mit gewaffneter Hand dazwischenzutreten. Unsere Regierung wird dabei ohne Zweifel von der Mehrheit des amerikanischen Volkes unterstützt werden, mit Ausnahme natürlich der Männer, die anormal ängstlich oder anormal kurzsichtig sind.

Unsere Staatsmänner folgten also in der Venezuela-Frage nur der Tradition. Mit wissenschaftlichen Gründen kann ihre Handlungsweise nicht motiviert werden. Aber die Richtigkeit ihrer Handlungsweise kann noch besser verteidigt werden.

In erster Linie handeln wir im Interesse des Landes, also aus Vaterlandsliebe.

Es gibt eine kleine Anzahl Menschen, die eine Genugtuung in der Behauptung finden, dass Patriotismus eine egoistische Tugend sei, und die all' ihre schwachen Kräfte anspannen, um an seine Stelle eine Art wässerigen, weichen Kosmopolitismus zu setzen. Diese guten Leute sind niemals Männer mit einem mutigen Charakter oder kräftige Persönlichkeiten. Ihre Ausführungen sind in der Tat der Widerlegung nicht wert. Mögen auch einige neumodische Reformer verkünden, dass in einer fernen Zukunft Vaterlandsliebe und eheliche Treue nutzlose, altmodische Tugenden sein werden, so ist doch ein Mann, der andere Länder ebenso lieb hat wie sein eigenes Land, heute noch ein ebenso schädliches Mitglied der Gesellschaft, wie der Mann, der andere Frauen ebenso lieb hat, wie die seine.

Liebe zum Vaterlande ist eine Haupttugend, ebenso gut wie Liebe zu dem eigenen Herd oder wie Ehrlichkeit oder Mut. Kein Land, das sich selbst nicht emporhebt, wird in der Welt vorwärtskommen. Das nützlichste Glied des Volkslebens ist der Mann, der vor allem seinen eigenen Rechten und Pflichten nachkommt, wodurch er umso geschickter wird, die Pflichten der Gesamtheit gegenüber erfüllen zu können. Die nützlichste in der Reihe der Völker ist die Nation, deren Nationalgefühl am stärksten entwickelt und die am stärksten von ihren Rechten und Pflichten als Nation überzeugt ist. Das ist durchaus mit der vollkommenen Achtung der Rechte anderer Nationen vereinbar und mit dem Bedürfnis, sich dem Unrecht zu widersetzen, das unterdrückten Völkern angetan wird.

Die Vereinigten Staaten dürfen keiner großen Militärmacht, die in diesem Erdteil noch kein Gebiet besitzt, das Recht zustehen, festen Fuß zu fassen und ebenso wenig dulden, dass andere, die bereits hier Besitzungen haben, diese vergrößern. Wir müssen dafür sorgen, dass wir nicht in die Notwendigkeit kommen, ebenso wie Europa, große stehende Heere zu unterhalten. Jeder rechtschaffene Patriot, jeder Politiker in unserem Lande sieht verlangend dem Tag entgegen, wo keine einzige europäische Macht mehr ein

Stückchen amerikanischen Boden im Besitz haben wird. Augenblicklich ist dieser Zustand noch nicht notwendig, aber er wird es werden, sobald die ängstlichen, selbstsüchtigen Menschen, die das „Frieden um alles" zum Wahlspruch erkoren haben, in der Mehrheit sind und sobald die Vereinigten Staaten nicht mehr im Stande wären, der Ausbreitung der europäischen Macht in diesem Weltteil entgegenzutreten.

In erster Linie ist es also für die Bürger der Vereinigten Staaten von Interesse, dass die Vergrößerung des europäischen Kolonialbesitzes auf der westlichen Halbkugel verhindert wird. Auch für die gesamte Bevölkerung der westlichen Halbkugel ist das von Interesse.

Unter den günstigsten Verhältnissen geraten die Einwohner einer Kolonie in eine schiefe, unnatürliche Lage. Unter den ungünstigsten Verhältnissen verhindert die Einrichtung einer Kolonie die gesunde Entwickelung der Bevölkerung.

Es kann sein, dass in einer fernen Zukunft alle englisch sprechenden Völker sich zu einer Art Staatenbund vereinigen werden. Wie wünschenswert dies auch sein mag, für den Augenblick ist dies eine Phantasie. Die einzige Hoffnung, die es heute für eine Kolonie gibt, die ihre volle sittliche und geistige Entwickelung erreichen will, ist, dass sie unabhängig oder ein Teil eines unabhängigen Staates wird. Solange der Kanadier ein Kolonist ist, nimmt er einen niedereren Rang ein als seine Brüder in England und den Vereinigten Staaten. Im Grunde seines Herzens sieht der Engländer auf den Kanadier als etwas Minderwertiges herab, während der Amerikaner den Kanadier mit der beschützenden Großmut betrachtet, mit welcher derjenige, der frei ist, auf den niedersieht, der es nicht ist.

Im günstigsten Falle befindet sich also eine Kolonie in einer unnatürlichen Lage. Aber liegt die Kolonie in einer Gegend, wo der Kolonist genötigt ist, niedrigere Rassen für sich arbeiten zu lassen, dann ist der Zustand noch schlimmer.

Die Eroberung und Kolonisation von Jamaika hat wenig oder nichts zur Veredlung der Bevölkerung beigetragen. Jamaika wird in der Hauptsache eine Insel mit einer Negerbevölkerung und geht ersichtlich derselben Zukunft entgegen wie San Domingo. British Guayana, so gut es auch regiert werden mag, ist nichts weiter als eine Kolonie, wo ein paar hundert oder ein paar tausend Weiße die Herren spielen, während sich das Groß der Bevölkerung aus Indianern, Buschnegern zc. zusammensetzt. Im Laufe der Jahrhunderte kann man von solch einer Kolonie nicht dieselbe Entwickelung erwarten wie von Staaten wie Venezuela und Ecuador. Die Geschichte der südamerikanischen Republiken ist unwichtig und blutig, doch werden die Republiken nach endlosen Misshelligkeiten und Unfällen vielleicht noch einmal dieselbe Höhe der Kultur erreichen, wie sie heute Portugal einnimmt. Für keine der tropisch amerikanischen Kolonien, die durch eine nordeuropäische Rasse regiert werden, ist die Zukunft sicher. Es liegt durchaus im Interesse der Kultur, dass die gegenwärtigen Staaten von Nord- und Südamerika sich in ihrer eigenen Richtung entwickeln; wie erwünscht für viele dieser Staaten auch die europäische Einwanderung sein mag, so ist es doch unerwünscht, dass einige von ihnen unter europäischer Herrschaft stehen.

Das die allgemeinen Prinzipien und die historische und sittliche Berechtigung der Monroe-Lehre. Nun zu unserem speziellen Falle der Venezuela-Frage.

Großbritannien hat mit Venezuela einen Grenzstreit. England macht Anspruch auf ein Gebiet, das Venezuela als zu sich gehörig betrachtet. Das Land, um das sich der Streit dreht, hat ungefähr die Größe des Königreichs Italien. Will unsere Regierung den Traditionen der Monroe-Lehre getreu bleiben, so kann sie nicht zugeben, dass England

31

sich ein so großes Stück Land aneignet, ohne in ihrem eigenen Interesse zu untersuchen, inwieweit Englands Forderung gerechtfertigt ist. Es ist natürlich lächerlich, mit dem Grundsatz hervorzutreten, dass keine europäische Macht die Hand auf amerikanisches Gebiet legen darf, das ihr nicht zugehört und dann zu dulden, dass diese Macht selber entscheidet, wer der Eigentümer des Gebietes ist. Großbritannien weigerte sich, diese Streitfrage mit Venezuela friedlich zu regeln oder einem Schiedsgericht zu unterbreiten. Den Vereinigten Staaten blieb also nichts anderes übrig, als selbst eine Kommission zu ernennen, um die Angelegenheit zu untersuchen. Hat England Recht – gut. Hat England aber Unrecht, dann können wir natürlich nicht dulden, dass es sich auf Kosten Venezuelas bereichert. Wir handeln nicht anders, wie England in einem ähnlichen Falle mit vollem Recht handeln würde. Als der deutsche Kaiser sich unlängst in die Transvaalaffäre einmischte, verkündete England sofort für Südafrika seine eigene Monroe-Lehre. Wir erwarten nicht, dass englische Abenteurer zum Nachteil Venezuelas dieselbe Taktik anwenden werden, die jüngst in Transvaal ein so schmähliches Ende gefunden hat mit einem regulären Raubzug.

Man darf den heilsamen Einfluss, den das kräftige Auftreten unserer Regierung gegenüber Englands Forderung schon jetzt für unser Land zufolge gehabt hat, nicht hoch genug einschätzen. Kein englischer Staatsmann wird so bald die Lektion vergessen, die Lord Salisbury erteilt wurde. Dieser nimmt eine gänzlich verkehrte Stellung ein, was auch englische Staatsmänner und Publizisten offen zugeben. Will er mit Venezuela nicht unterhandeln, dann muss die Angelegenheit Schiedsrichtern unterbreitet werden.

Die Möglichkeit eines Krieges kann nur durch das Benehmen jener ängstlichen, selbstsüchtigen Menschen an dieser Seite des Ozeans entstehen, die ihr Möglichstes tun, die öffentliche Meinung in England durch das Verbreiten falscher Vorstellungen über die Stimmung Amerikas Irre zu führen. Gelingt es ihnen, bei Lord Salisbury den Eindruck zu erwecken, dass das amerikanische Volk klein beigibt, so werden sie beiden Ländern den größten Schaden zufügen, denn durch ihr Zutun wird der Krieg in absehbarer Zeit unvermeidlich.

Einen solchen Krieg würden wir bedauern, aber unendlich mehr Englands als unsertwegen. Wie die Kriegschancen auch laufen mögen, wie groß der Schaden und der augenblickliche Verlust für die Vereinigten Staaten auch sein mag, schon die Tatsache, dass England schließlich notwendigerweise Kanada verlieren wird, macht diesen Krieg für England zu einem Unglück.

Es liegt nicht in unserer Absicht, den Schutzherrn über die südamerikanischen Staaten zu spielen. England mag seine eigenen Untertanen beschützen und hat in außergewöhnlichen Fällen dasselbe Recht, Unregelmäßigkeiten in Südamerika ein Ende zu machen, wie wir ein Recht haben, uns in Armenien einzumischen. England darf aber ebenso wenig sein Gebiet auf Kosten Venezuelas ausbreiten, als wir dies auf Kosten der Türkei tun können.

Man verstehe uns wohl. Wir hegen keinen Hass gegen England. Wir stellen England im Gegenteil ein gutes Stück den großen Staaten des europäischen Kontinents voran. Wir fühlen mit England die größte Sympathie. Fast immer ging Englands Blüte mit dem Fortschritt der Kultur gepaart, und von Herzen wünschen wir England alles Gedeihen. Aber sobald seine Interessen mit dem Fortschreiten der Kultur in Widerspruch geraten, oder zur Unterdrückung anderer Völker führen, kehrt sich unsere freundschaftliche Stimmung sofort in das Gegenteil um.

Es ist von großer Wichtigkeit, dass ein jeder, der eine universale Bildung genossen hat, ja, dass jeder, der auf eine gute Erziehung Wert legt, auch gut das Verkehrte der Begriffe einsieht, die in der gelehrten Welt an Boden zu gewinnen scheinen, nicht nur mit Bezug auf die Monroe-Lehre, sondern auch mit Bezug auf allerlei Fragen, die mit einem kräftigen, mutigen Amerikanismus in Verbindung stehen.

Jeder wissenschaftlich gebildete Mensch, der außerhalb des großen Stromes der amerikanischen Ideen steht, und immer wieder auf in die Augen fallende Weise gegen die Interessen des Landes handelt, schwächt den Einfluss der wissenschaftlich Gebildeten auf das amerikanische Leben. Das törichte, lächerliche Vorurteil, das unser großes Publikum so oft den Gelehrten gegenüber auf so traurige Weise an den Tag legt, wird in hohem Grade durch die Handlungsweise dieser so hoch entwickelten Männer verschuldet, deren Erziehung die kräftigen, männlichen Tugenden und vor allem den Geist des Amerikanismus vollständig getötet zu haben scheint.

Keine Nation kann etwas wahrhaft Großes zu Stande bringen, wenn sie nicht einen hohen sittlichen Standpunkt einnimmt und kräftig ist. Fortschritt und Kultur sind gute Dinge, aber sie würden zu teuer erkauft sein, wenn durch sie der Mut und die Kraft des Widerstandes verloren gingen, diejenigen Eigenschaften, die einen Mann in den Stand setzen, Männerarbeit in der Welt zu verrichten und sein Herz vor Vaterlandsliebe höher schlagen lassen, und die sich nicht nur in der treuen Erfüllung seiner täglichen Bürgerpflichten äußern, sondern zugleich in einem mutigen Auftreten, sobald des Landes Ehre und Interessen in einem Streit mit dem Auslande bedroht werden.

Außerdem gibt es im Lande Männer, die sich aus Furcht der amerikanischen Politik, bekannt unter dem Namen Monroe-Lehre, widersetzen. Diese Furcht findet man zumeist bei den Reichen. Diese Furcht der Reichen kam jetzt wieder deutlich in der Haltung einer großen Anzahl von ihnen der Venezuela-Frage gegenüber zum Ausdruck. Viele von ihnen, Bankiers, Großindustrielle, Eisenbahnpotentaten, missbilligten die Handlungsweise des Präsidenten und des Senates, weil sie einen Rückschlag auf die Börse befürchteten. Das ist ein Grund, der schmachvoll zu nennen ist. Stehen Ehre, Rechten und Pflichten einer Nation auf dem Spiel, so dürfen keine Börseninteressen dagegen in die Waagschale geworfen werden. Die Reichen, die die Monroe-Lehre deswegen preisgeben wollen, weil die Anwendung derselben ihr Geschäft schädigt, bringen Schande über sich selbst und Schande über die Nation, der sie angehören.

Es ist bedenklich, wenn Menschen, die eine Erziehung genossen haben, aus dem Auge verlieren, dass gerade durch ihre Erziehung ihre Vaterlandsliebe umso größer sein muss, und dass diese Vaterlandsliebe sich nicht nur zeigt, indem man dem Lande so nützlich wie möglich ist, sondern auch darin, dass man stets bereit ist, alles für die Ehre und die Interessen des Vaterlandes aufzuopfern, wenn diese von außen her bedroht werden.

In unserer gemeinschaftlichen Politik ist seit Jahren ein Streben bemerkbar, die kräftigen und mutigen Menschen in eine Gruppe zu bringen, und in die andere die liebenswürdigen Menschen, die aber alles andere eher als mutig und kräftig sind. Hieraus folgt, dass viele entwickelte Menschen in dem Maße, wie sie gebildeter werden, die Fähigkeit zu einem kräftigen Auftreten verlieren. In letzter Linie muss natürlich eine wahrhaft gute Erziehung nicht nur zur Bildung führen, sondern auch mehr Macht und Fähigkeiten geben zur Verrichtung positiver Arbeiten. Diese Wirkung wird aber ausbleiben, solange man nicht einsieht, dass die Ausbildung kriegerischer Tugenden zu einer wirklich guten Erziehung gehört. Die Männer, die eine hervorragende Erziehung genossen haben und bei internationalen Streitigkeiten nicht auf Seiten Amerikas stehen, sind ein Beweis dafür. Es gibt Ausnahmen von der Regel, aber gewöhnlich stellt sich der gesunde Mann, der Mann, der in der Welt harte Arbeit verrichtet und dessen Herz voll Stolz bei den großen Taten seiner Landsleute klopft, bei Fragen, wie die Monroe-Lehre auf die amerikanische Seite. Dagegen neigt der blutlose, überkultivierte Gelehrte, dessen Geist auf Kosten seines Charakters entwickelt ist, und der zurückschreckt vor dem Kampf, durch den die Welt allein zur Größe gelangen kann, dazu, jede Anwendung der Monroe-Lehre für rückständig und unratsam anzusehen.

Auch gibt es natürlich verschiedene energievolle Männer, die, obwohl übrigens gute Bürger, derselben Meinung zuneigen, weil sie auf einen Irrweg geraten sind.

Das abhängige Gefühl des Kolonisten ist nur schwer auszurotten. Es ist wünschenswert, dass gerade diejenigen, die sich bestreben, sich die Sitten der alten Welt anzueignen, einen Charakterzug annehmen, der jede Nation der Alten Welt, und namentlich England kennzeichnet. Jeder rechte Engländer ist von seiner Geburt bis zu seinem Tode seinem Lande zugetan. Ein Engländer mag für Amerika schwärmen oder nicht, im Falle einer Uneinigkeit ist er unweigerlich für England und gegen Amerika. Ich achte ihn deshalb umso höher. Möchten unsere Landsleute von dem kolonistenartigen Typus diese Eigenschaft annehmen! Sie würden wahrlich nicht schlecht dabei fahren.

Der amerikanische Junge

(Mai 1900)

Von jedem amerikanischen Jungen muss erwartet werden, dass er ein guter amerikanischer Bürger wird. Er hat wenig Aussicht, ein ordentlicher Mann zu werden, wenn er kein ordentlicher Junge ist. Er darf nicht feige, nicht schwach, nicht widersetzlich, nicht heimtückisch, nicht pedantisch sein. Er muss einen klaren Kopf und einen reinen Lebenswandel haben. Gegen jeden und unter allen Umständen muss er seinen Mann stehen können. Nur dann kann aus ihm ein Bürger werden, auf den Amerika mit Recht stolz sein darf.

Es gibt zahllose Einflüsse im Leben, die zum Guten oder zum Bösen führen. Jedes folgende Geschlecht steht unter diesen Einflüssen, die den einen stark, den anderen schwach machen. Es sind leider nicht immer die Guten, die kräftiger, und die Schlechten, die schwächer werden. Seit etwa zehn Jahren aber sind in dem Leben unserer Jungens bestimmte Verbesserungen wahrzunehmen. Die zunehmende Liebhaberei für den Sport, obwohl nicht ohne Gefahr, wenn er einseitig und auf ungesunde Art ausgeübt wird, befördert außerordentlich die Entwicklung der männlichen Eigenschaften. Noch vor 40 oder 50 Jahren musste der amerikanische Sittenprediger stets gegen die Verweichlichung und Verzärtelung der jungen Amerikaner, deren Eltern reich waren, zu Felde ziehen. Der Sohn wohlhabender Eltern, besonders in den großen, östlichen Städten, lebte damals zu üppig; Billardspielen war das hauptsächlichste seiner unschuldigen Vergnügungen, und er schämte sich durchaus nicht, zuzugestehen, dass er für Spiele in der freien Natur ungeeignet sei. Heute mögen die Söhne reicher Eltern noch so großen Torheiten zuneigen, die Anschauung ihrer Kameraden nötigt sie doch dazu, sich in männlichen Spielen zu üben und ihren Körper und dabei auch mehr oder weniger zugleich ihren Charakter durch einen kräftigenden Sport zu entwickeln, wobei Mut, Energie und Kraft sich zeigen müssen.

Es versteht sich von selbst, dass Jungens, die außer dem Hause arbeiten, und deren Tätigkeit mit den Spielen in der freien Natur auf einer Stufe steht, weniger Bedürfnis nach körperlichen Übungen haben. In dem Bürgerkrieg waren die Soldaten, die aus den Prärien kamen, aus der Wildnis oder aus pfadlosen Gebirgen, und die als Kind Pferde reiten und mit dem Gewehr zu hantieren verstanden, als sie kaum kriechen konnten, und die bei jeder Gelegenheit unter bloßem Himmel schliefen, bei weitem geschickter für den militärischen Dienst als die Zöglinge gelehrter Schulen.

Es ist aber ebenso verkehrt, den Wert der Gymnastik zu hoch wie zu niedrig einzuschätzen.

Die Griechen waren berühmte Gymnasten, und solange die Gymnastik von ihnen mit Maß ausgeübt wurde, standen sie sich gut dabei. Aber als sie anfingen, der Gymnastik wegen die ernsteren Eigenschaften, die für den Soldaten und Staatsmann unumgänglich notwendig sind, zu vernachlässigen, blieben die nachteiligen Folgen nicht aus.

Einige unserer jugendlichen Leser werden vielleicht die berühmten Briefe von Plinius dem Jüngeren in die Hände bekommen, der in dem ersten Jahrhundert unserer Zeitrechnung Gedanken niederschrieb, die uns jetzt merkwürdig modern vorkommen. In seinem belangreichen Briefwechsel mit Kaiser Trajan ist vielleicht das merkwürdigste der verächtliche Ton, mit dem Plinius über die gymnastischen Übungen der Griechen spricht, die er als Ausartung eines unkriegerischen Volkes ansieht, und zu denen er weiter ermutigt, wenn man von den Griechen nichts zu fürchten haben wollte. Die persischen Könige sahen sich eine Zeit lang auch genötigt, das Polospiel zu verbieten, weil die Soldaten in ihrem Spieleifer ihren militärischen Dienst vernachlässigten. Man kann von Soldaten, die sich in einer übertriebenen Weise dem Sport und anderen Spielen hingeben, und die es verabsäumen, sich für ihren Beruf die nötige Geschicklichkeit zu erwerben, nicht viel erwarten. Ein Soldat muss gut schießen, zu, gleich für gehörige Deckung sorgen und in Zeiten der Not sich zu retten wissen. Boxen und Fußballspielen nützt ihm weniger.

Man verwechselt oft Mittel und Zweck.

Die Fuchsjagd z.B. ist ein ausgezeichneter Sport, und doch ist es töricht, wenn einige große Fuchsjäger mit atemloser Begeisterung über diesen guten, aber nicht sonderlich nützlichen Zeitvertreib sprechen. Sie schwärmen davon ebenso sehr, wie die französischen und deutschen Adligen im vorigen Jahrhundert von der Hirschjagd schwärmten, als die Jagdgesetze für das allgemeine Wohl schädlich waren. Fuchsjagden mögen ein guter Zeitvertreib sein, für einen modernen Menschen sind sie aber doch eine traurige Art von Beschäftigung. Kein Jagdschriftsteller versäumt es, die Erzählung von dem Fuchsjäger aufzutischen, der während des englischen Bürgerkrieges in dem Augenblick, als eine große Schlacht im Gange war, jagend zwischen die feindlichen Heere geriet. Offenbar rechnen die Schriftsteller es diesem Manne als Verdienst an, dass er, während das Vaterland auf Tod und Leben kämpfte, anstatt nach den Waffen zu greifen und sich auf diese oder jene Seite zu scharen, ruhig seiner gewohnten Jagdliebhaberei frönte.

Der große Nutzen der Fuchsjagd ist natürlich der, dass sie Mut und Geistesgegenwart fördert, die den Menschen geeignet machen, in Tagen der Not für sein Land zu arbeiten und zu kämpfen. Wirft man Zweck und Mittel so durcheinander, dass Fuchsjagd, Polo und Fußball oder jeder andere Sport Zweck wird an Stelle der Vorbereitung zu der großen Arbeit, die nötig wird, sobald ihre Zeit gekommen, nun, dann täte man am besten, sich überhaupt nicht um den Sport zu kümmern.

Kein Junge darf seine Arbeit lässig betreiben, denn arbeiten heißt für ihn lernen. Es gibt zwar Beispiele von Menschen, die auf der Schule in der letzten Reihe saßen und doch später eine glänzende Laufbahn einschlugen. Aber es ist ebenso verkehrt, diese Ausnahmen als Regel anzusehen, wie wenn man Blindheit für einen Vorzug halten würde, weil einige Blinde sich unsterblichen Ruhm erworben haben dadurch, dass sie über ihr körperliches Gebrechen den Sieg davontragen und große Taten in der Welt verrichteten. Ich bin durchaus nicht für eine unsinnige Überbürdung des Unterrichts. Ein Junge muss aber arbeiten, angestrengt arbeiten auf der Schule, erstens, um etwas zu lernen, zweitens wegen des heilsamen Einflusses, den das ruhige gleichmäßige Arbeiten auf den Charakter hat. Ungeduld, Fahrigkeit, Gleichgültigkeit beim Lernen sind meist die Vorboten einer Ungeschicklichkeit, die später das Fortkommen in der Welt erschwert. Wenn ein Junge älter wird, darf er bei seinen Studien die Richtung einschlagen, zu der er sich am meisten hingezogen fühlt, aber stets muss er sich mit Herz und Seele seiner Arbeit widmen. Durch Kindereien auf der Schule lästig fallen und den Unterricht stören, ist zu verurteilen. Ich bin der Ansicht, dass Jungens, die außerhalb der Schulzeit gehörig spielen und ihre Arme und Beine rühren, kein Bedürfnis fühlen, während des Unterrichtes ungezogen und unruhig zu sein. Jungens müssen beim Lernen sowohl, wie beim Fußballspiele, die gleiche Begeisterung zeigen. Eine goldene Regel ist das alte Wort: Lernen und spielen, alles zu seiner Zeit. Ein Junge muss sowohl physischen wie sittlichen Mut besitzen. Das eine kann über das Fehlen des andern nicht hinwegtrösten. Später werden die Jungen sehen, dass es im Felde tapfere Soldaten gibt, die in der Politik ängstlich waren und nichts zu bedeuten hatten, und dass einige Politiker, die bei Beschlüssen über des Landes Schicksal alle Verantwortung auf sich nahmen, nicht den Mut besitzen, sich zu verteidigen, sobald ihre eigene Person in Gefahr kommt. Beide, sowohl der Soldat wie der Politiker, besitzen nur halbe Tugenden. Mutig als Soldat zu sein, entschuldigt nicht die Feigheit als Staatsmann, ebenso wenig kann der Staatsmann seine Unerschrockenheit am grünen Tisch als Entschuldigung ins Feld führen – für seine Furcht auf dem Kampfplatze.

Das trifft auch bei Jungens zu. Ein Feigling, der sich beleidigen lässt, ohne sich zu verteidigen, ist ein verächtliches Wesen, und doch ist er eigentlich noch weniger verächtlich als der Junge, der nicht das, was er für recht hält, seinen Kameraden gegenüber, die seiner Meinung nach Unrecht haben, unter allen Umständen verteidigt. Andere lächerlich machen ist eine der beliebtesten Waffen, um dem Gegner Übles zuzufügen. Es ist unbegreiflich wie gute und brave Jungen sich durch Spöttereien von Kameraden beeinflussen lassen, die mit ihrem Spott die Oberhand behalten und Eigenschaften ins Lächerliche ziehen, vor denen man eigentlich Achtung haben muss.

Kein Junge braucht ein Tugendbund zu sein oder darf sich auf sein gutes Betragen und seine Tugendhaftigkeit etwas zugutetun. Er wird dadurch unausstehlich und macht sich lächerlich. Er soll sich aber in jeder Hinsicht ordentlich betragen. Er muss reinen Gemütes und aufrichtig, ehrlich und vertrauenswürdig, höflich und bescheiden, aber zugleich mutig und tapfer sein. Sobald er älter wird und die Unterschiede herausfinden kann, wird er mit tiefer Verachtung auf den Jungen herabblicken, der den verkehrten Weg einschlägt, der untreu, gemein, unehrlich oder roh ist.

Ebenso gut wie ein Junge forsch sein muss und sich nichts gefallen lassen darf, ebenso wie er es für eine Schande hält, wenn andere auf ihm herumtreten, muss er seinerseits auch anderen nicht übel mitspielen, darf er nicht brutal und roh sein.

Es gibt zwei entzückende Bücher: Thomas Hughes *„Tom Brown at Ragby"* und Aldrichs *„Story of a bad boy".*

Ich hoffe, dass alle Jungens die Bücher kennen. Die amerikanischen Jungen werden aber wohl der Erzählung von Aldrich den Vorzug geben, weil darin nichts zu finden ist von jener programmmäßigen Quälerei eines Kameraden durch die andern, eine Unsitte, die den amerikanischen Bewunderer von „Tom Brown" stets abgestoßen hat.

Ein solcher Unterschied kennzeichnet auch zwei von Kiplings Erzählungen. Die eine, betitelt *„Capitains Couragous"*, beschreibt auf die lebendige Weise, wie ein Junge sein muss und wie er sich zu betragen hat. Zu Beginn der Erzählung wird der Junge als ein verdorbenes, verwöhntes Kind steinreicher Eltern von einer Art hingestellt, wie man sie leider im wirklichen Leben in vielen Exemplaren antrifft, und die im Grunde genommen zu den hässlichsten Ärgernissen dieser weiten, weiten Welt gehören. Später muss der Junge sich seinen eigenen Unterhalt erwerben und unter Jungens und Männern, die wirklich Jungens und Männer sind und etwas Ordentliches zu Stande bringen, hart arbeiten. Der Erfolg ist überraschend.

Will man dagegen Typen von Jungens kennenlernen, die wie die Pest gemieden werden müssen, so lese man eine andere Geschichte von Kipling, betitelt: *„Stalky & Co.".* Eine Erzählung, die niemals hätte geschrieben werden dürfen, denn man kann kaum einen gemeinen Streich ersinnen, der darin nicht verherrlicht wird, oder einen Schulskandal, der darin nicht Beifall findet. Jungens, die andere quälen, werden niemals tapfere Männer. Jungens oder Männer, die schlecht leben, müssen erst ihr Leben bessern, bevor sie gute Bürger und Amerikaner werden können.

Der Junge wird am besten ein guter Mann dadurch, dass er ein guter Junge ist. Gut, schlechthin. Gut in des Wortes weitester Bedeutung umfasst alles, was edel, aufrichtig, rein, tapfer und männlich ist. Die besten Jungens, die besten Männer, die ich kenne, sind gut in ihren Studien und gut in ihrem Beruf. Unerschrocken, kräftig, gehasst und gefürchtet von allen, die schlecht und verdorben sind, widerstandsfähig gegen alles Verkehrte, strenge, aber sanftmütig gegen den Schwachen und Hilfsbedürftigen. Ein forscher Junge muss von ganzem Herzen den Feigling verabscheuen und noch mehr den Jungen, der Mädchen und kleinere Jungen quält und roh gegen Tiere ist. Vor allem muss er deshalb einen Abscheu vor Feiglingen haben, weil jeder gute Junge immer wieder in die traurige Notwendigkeit kommt, dem Feigling eine Portion Prügel zu verabreichen.

Es versteht sich von selbst, dass ein durch und durch forscher, aufrichtiger, ehrlicher Junge unendlich viel Einfluss auf gleichaltrige Kameraden und diejenigen, die jünger sind als er, hat. Ist er nicht forsch und kräftig, so werden die andern keine Achtung vor ihm haben und seine übrigen Eigenschaften kommen alsdann wenig in Betracht. Ist er gemein, roh und schlecht auf Grund seiner Körperkraft und Überlegenheit, so wird er ein umso schädlicheres Mitglied unserer Gesellschaft werden. Er kann nichts Gutes zu Stande bringen, wenn er seine Stärke und Kraft nicht zu bezähmen vermag.

Seine Willenskraft wird ihm und jedem andern zum Fluch werden, wenn er nicht über sich selbst und seine bösen Neigungen die Herrschaft zu gewinnen weiß, und wenn er seine Kraft nicht in den Dienst des allgemeinen Wohls, der Rechtschaffenheit und der Ehrlichkeit stellt.

Das volle Leben

Wenn ich vor euch hintrete, Bürger der größten Stadt des Westens, Bewohner des Staates, der Amerika Lincoln und Grant schenkte, Männer, die ihr so ganz und gar in eurer Person alles das vergegenwärtigt, was in dem amerikanischen Charakter am meisten amerikanisch ist, euch brauche ich nicht die Lehre einer verächtlichen Genusssucht zu verkündigen. Aber ich will euch die Lehre vom vollen Leben verkündigen, des Lebens voll Anspannung und Arbeit, voll Mühe und Kampf. Lasst mich euch hinweisen auf den höchsten Grad des Erfolges, der niemals von dem Manne erreicht wird, der nur Ruhe und Frieden sucht, sondern der die herrliche Belohnung wird für den Mann, der sich durch keine Gefahren, Fehlschläge oder schwere Arbeit abschrecken lässt.

Ein Leben voll Trägheit, ein Leben, das friedsam dahinfließt, aus Mangel an Lust oder Kraft, etwas Großes zu Stande zu bringen, ist ebenso unwürdig für eine Nation wie für das Individuum.

Ich verlange nichts anderes, als dass jeder wohlgeartete Amerikaner die Forderungen, die er an sich selber und an seine Söhne stellt, auch an die amerikanische Nation als Ganzes stellen soll. Wer von euch wird seinen Söhnen sagen, dass ein bequemes Leben, dass der Friede das höchste Ideal sei, nach dem zu streben ist? Ihr, Männer von Chicago, habt eure Stadt groß gemacht, ihr, Männer von Illinois, habt euer Teil zur Größe Amerikas dadurch beigetragen, dass ihr diesem Ideal nicht nachgestrebt habt, noch dass ihr suchtet, es zu verwirklichen. Ihr arbeitet selber und haltet eure Kinder zur Arbeit an. Seid ihr auch reich und wohlhabend, so prägtet ihr euren Söhnen doch ein, dass sie ihre freie Zeit nicht in Müßiggang dahinbringen sollen. Wohlangewandte freie Zeit heißt so viel, dass derjenige, der nicht nötig hat, für den täglichen Unterhalt zu arbeiten, verpflichtet ist, soviel wie möglich unbezahlte Arbeit auf dem Gebiete der Wissenschaft und Literatur, der Kunst oder der Geschichtsforschung zu verrichten: eine Arbeit, für die gerade unser Land ein großes Bedürfnis hat und die zur Ehre für die ganze Nation gereichen kann.

Wir hegen keine Bewunderung für den ängstlichen, friedeliebenden Mann. Wir bewundern den Mann, der das Symbol von Wagen und Gewinnen ist, den Mann, der seinen Nachbar nicht übervorteilt, der treu zu seinen Freunden steht, aber der die männlichen Tugenden besitzt, um aus dem ernsten Kampf des Lebens schließlich als Sieger hervorzugehen.

Es ist hart, wenn man seine Anstrengungen missglücken sieht. Aber noch schlimmer ist es, überhaupt niemals ernstliche Anstrengungen zu unternehmen. Ohne Mühe wird auf Erden nichts erreicht.

Wer nicht zu arbeiten braucht, der möge aus der bereits getanen Arbeit Vorteil ziehen. Nur die, die früher oder deren Väter mit Erfolg gearbeitet haben, sind vom Arbeiten befreit. Macht man von dieser Freiheit einen nützlichen Gebrauch, und arbeitet man in anderer Beziehung weiter, ob als Schriftsteller oder General, als Staatsmann oder Entdeckungsreisender, dann ist man der Bewunderung wert. Nimmt man aber die Freiheit zum Anlass, sich um nichts weiter zu bemühen, sondern ein reines Genussleben zu führen, selbst wenn dieser Genuss vollkommen unschädlich ist, so wird man ein Schmarotzer, der bei vorkommender Gelegenheit schon merken wird, dass er seinen Mitmenschen nicht gewachsen ist.

Ein gemächliches Leben gewährt auf die Dauer keine Befriedigung und macht zu ernster Arbeit untauglich. Kurz, die menschliche Gesellschaft ist ungesund, wenn Männer und Frauen kein reines kräftiges und gesundes Leben führen, wenn den Kindern nicht von Jugend auf gepredigt wird, tätig zu sein und sich durch alle vorkommenden Schwierigkeiten mutig hindurchzuschlagen.

Für jeden Mann muss es ein Genuss sein, Männerwerk zu tun: zu wagen, Widerstand zu bieten und zu arbeiten, sich selbst zu erhalten und diejenigen, die seiner Sorge anvertraut sind. Die Frau soll die Haushälterin, die Stütze und die Helferin des Erwerbers, die Verständige, emsige Mutter einer großen Anzahl gesunder Kinder sein.

In einem seiner düsteren Romane nennt Daudet die Mutterschaft das Schreckgespenst der modernen, jungverheirateten Frau. Ein Volk, wo das wirklich der Fall ist, muss durch und durch verroht sein. Männer, die zurückschrecken vor der Arbeit und zurückschrecken vor einem rechtschaffenen Kriege, und Frauen, die zurückschrecken vor der Mutterschaft, wandeln am Rande des Abgrunds und verdienen, von der Erde zu verschwinden, wo sie mit Recht ein Ärgernis sind für alle kräftigen mutigen, verständigen Männer und Frauen.

Wie das Individuum, so das Volk.

Es ist eine feige Unwahrheit zu behaupten, dass das Volk glücklich ist, das keine Geschichte hat. Dreifach glücklich ist das Volk mit einer ruhmvollen Vergangenheit! Unendlich besser ist es, große Taten zu wagen, glänzende Siege zu erkämpfen, auch wenn sie zuweilen mit unglücklichen Zwischenfällen gepaart sind, als sich unter die Kleinmütigen zu scharen, die niemals eine große Freude noch großes

Leid erfahren, weil sie in einer grauen Dämmerung dahinleben, wo Sieg und Niederlage unbekannt sind.

Hätten die Männer der Union im Jahre 1861 den Frieden als das größte Erdenglück angesehen, und Krieg und Kampf als das Schlimmste, das denkbar ist, und, hätten sie sich friedlich gehalten, Tausende von Menschenleben, Tausende von Dollars wären gespart worden. Das Herz so mancher Frau wäre nicht gebrochen, viele Hausstände wären nicht zu Grunde gegangen, und unserem Lande wären die vielen Monate der Betrübnis und Schande erspart geblieben, wo es schien, als ob unsere Truppen nur Niederlagen entgegengingen. Die Furcht vor dem Kriege hätte all' das Leiden verhindern können. Aber wir wären uns dann vorgekommen wie Feiglinge, denen kein Platz in der Reihe der großen Völker der Erde gebührt.

Gott sei Dank für den Stahl in dem Blute unserer Väter! In dem Blut der Männer, die Lincolns Weisheit unterstützten und die Schwert und Gewehr in den Reihen Grants trugen. Lasst uns, Kinder der Männer, die in jenen schwierigen Tagen den Kopf mutig oben zu behalten verstanden, Kinder derjenigen, die den Bürgerkrieg zu einem siegreichen Ende geführt haben – lasst uns dem Gott unserer Väter danken, dass damals die verabscheuungswürdigen Versuche zu Gunsten des Friedens kein Gehör fanden, dass man Leiden, Ungemach, Schmerz und Verzweiflung mutig trotzte, dass die Jahre des Kampfes durchgekämpft wurden, denn dadurch wurde der Sklave befreit, kam die Union zu Stande, und seither nimmt die mächtige amerikanische Republik als gekrönte Königin einen Platz unter den Völkern ein.

Eine Aufgabe, wie sie unseren Vorfahren auferlegt war, gibt es für uns nicht. Doch auch wir haben eine Aufgabe zu erfüllen, und wehe uns, wenn wir sie nicht gut zu Ende führen. Wir können nicht, selbst wenn wir es wollten, Chinas Vorbild folgen und in stiller Ruhe innerhalb der Grenzen unseres Landes dahinleben ohne Interesse für das, was draußen geschieht, ganz versunken in ein kleinliches Handeltreiben, ohne Gefühl für ein höheres Leben, für ein Leben voll Ehrgeiz, Anstrengung und Gefahr, nur sorgend für die täglichen Bedürfnisse des Körpers. Wir würden dann ohne Zweifel eines Tages die Erfahrung machen, die China bereits gemacht hat, dass ein Volk, das hier auf Erden in ruhiger Absonderung seine Wehrkraft vernachlässigt, schließlich die Beute anderer Völker werden muss, die ihre männlichen mutigen Eigenschaften nicht verloren haben. Wollen wir wirklich ein großes Volk werden, dann müssen wir mutig danach trachten, eine große Rolle auf der Weltbühne zu spielen. Großen Ereignissen können wir nicht aus dem Wege gehen. Wir konnten im Jahre 1898 nicht vor die Wahl gestellt werden, ob wir Krieg oder nicht Krieg mit Spanien wollten. Wir hatten nur die Wahl, ob wir als Feiglinge vor diesem Krieg zurückschrecken oder ob wir ihn beginnen wollten, wie es einem tapferen, stolzen Volke geziemt, gleichgültig, ob in diesem Krieg unsere Truppen schließlich siegen oder unterliegen würden.

So auch jetzt.

Wir können unsere Verpflichtungen gegenüber Hawaii, Kuba, Porto-Rico und den Philippinen nicht abwälzen. Von uns hängt es nur ab, wie wir sie erfüllen sollen, ob auf eine Art, die unserem Volke zur Ehre gereicht, oder auf eine Art, die unserer Geschichte ein dunkles, beschämendes Blatt zufügt. Sich den Verpflichtungen entziehen, ist dasselbe, wie sie schlecht erfüllen. Ein Problem wird uns vorgelegt. Versuchen wir es zu lösen, so laufen wir natürlich Gefahr zu irren, aber weigern wir uns daranzugehen, so geben wir ein Zeichen von Schwäche. Der Feige, der Schwächling, der Mann, der kein Vertrauen zu seinem eigenen Lande hat, der Mann der Überkultur, der Mut und

Wehrbarkeit verloren hat, der Dumme und Stumpfsinnige, dessen Gemüt für die Begeisterung kräftiger Männer, die von großen Reichen träumen, nicht empfänglich ist, alle diese Menschen sehen natürlich mit Angst und Zagen, dass das Land neue Verpflichtungen auf sich nimmt, dass Flotte und Heer nach unseren Bedürfnissen eingerichtet werden müssen, dass wir für unser Teil zu der Arbeit der ganzen Welt beizutragen haben, indem wir Ordnung schaffen auf den großen, schönen tropischen Inseln, von denen unsere tapferen Soldaten und Matrosen die spanische Flagge herniedergeholt haben; das volle Leben, das Leben voll Anstrengung und Wagemut, das einzige Leben, das für ein Volk Wert hat, jagt diesen Menschen Furcht ein. Sie suchen ein Leben voll ruhiger Absonderung, wobei bei einem Volke sowohl als bei dem Individuum die kräftigen Säfte vertrocknen, oder sie geben sich einer niedrigen Gewinnsucht oder Begehrlichkeit hin, und halten Handeltreiben für das Einzige und Alleinige des Volkslebens, anstatt zu bedenken, dass, wie unentbehrlich der Handel auch sein möge, er doch immer nur eins der vielen Elemente ist, aus denen die wahre Größe eines Volkes besteht. Kein Land kann lange existieren ohne den Grund materieller Wohlfahrt, der aus Sparsamkeit, aus kräftigem Handels- und Unternehmungsgeist und aus unermüdlicher Kräfteanspannung auf industriellem Gebiete hervorgeht, aber niemals kann ein Volk wirklich groß werden, das sich einzig und allein auf die materielle Wohlfahrt stützt.

Ehre sei denen, die für unsere materielle Wohlfahrt den Grund gelegt haben, den Gründern unserer Fabriken und unserer Eisenbahnen. Ehre dem kräftigen Mann, der mit Haupt und Hand Kapitalien ansammelt, ihnen allen ist unser Land unendlich viel schuldig. Doch noch mehr schuldig ist unser Land den Männern, die am besten charakterisiert werden durch einen Staatsmann wie Lincoln und einen Krieger wie Grant. Mit ihrem Leben erkannten sie auch die Notwendigkeit des Arbeitens und der Anstrengung an, sie wirkten für ihr eigenes Dasein und für das derer, die ihrer Lage anvertraut waren; aber sie erkannten auch, dass es noch andere, ja noch höhere Pflichten gibt: Pflichten gegen die Nation, Pflichten gegen die Rasse.

Wir dürfen nicht, Kleinkrämern gleich, allzeit in unserem kleinen Kreise hocken bleiben, gleichgültig für das, was um uns vorgeht. Solch eine Politik führt zum eigenen Untergang. Denn während die Interessen der Völker sich immer weiter und weiter ausbreiten, enger und enger miteinander in Berührung kommen, können wir unmöglich den Kampf um die Vorherrschaft als Handels- und Seemacht durchführen, wenn wir unsere Macht nicht auch außerhalb der Grenzen gebrauchen. Wir müssen durch die Landenge einen Kanal graben und die vorteilhaften Punkte besetzen, um auf die Zukunft der östlichen und westlichen Ozeane Einfluss ausüben zu können.

Soweit die kommerzielle Seite.

Vom Standpunkte der internationalen Ehre ist unsere Stellung noch stärker. Der Kanonendonner von Manila und Santiago donnert als Echo unseres Ruhmes noch nach, aber legt uns zugleich eine große Reihe von Pflichten auf. Wenn wir eine mittelalterliche Tyrannei zu Boden warfen, um an ihrer Stelle eine wilde Anarchie entstehen zu lassen, so hätten wir besser getan, die Aufgabe gar nicht erst zu übernehmen. Es ist mehr als töricht zu sagen, dass wir keine Pflichten zu erfüllen haben und die eroberten Inseln ihrem eigenen Schicksal überlassen müssen. Es würde ein Unglück sein, wenn wir danach handeln wollten. Die unglücklichen Inseln würden sofort dem größten Chaos ausgeliefert sein. Ein kräftigeres männlicheres Volk würde dazwischen treten, um die Arbeit zu verrichten, und wir würden uns als Schwächlinge erwiesen haben, die nicht im

Stande waren, die Aufgaben einem guten Ende zuzuführen, die große energische Nationen freudig auf sich nehmen würden.

Die Aufgabe muss gelöst werden. Wir können die Verantwortlichkeit nicht abschütteln, und wenn nicht alle Kraft in uns erstorben ist, werden wir froh sein, das Werk tun zu dürfen, froh, zeigen zu können, dass wir einer der größten Aufgaben der heutigen Kultur gewachsen sind.

Aber seien wir nicht blind für die Arbeit, die von unserer Kraft verlangt wird. Nehmen wir vor allem die Verantwortung mit dem erforderlichen Ernst, mit Mut und Entschlossenheit auf uns. An unsere Staatsleute, denen die neuen Fragen anvertraut werden, müssen wir die höchsten Anforderungen von Ehrlichkeit und Geschicklichkeit stellen. Wir müssen streng ins Gericht gehen mit Beamten, die den Interessen des Landes untreu sind und deren Fähigkeiten den neuen Anforderungen, die an unsere Kräfte und Hilfsmittel gestellt werden, nicht entsprechen. Man hüte sich aber, einen Beamten nach einer einzigen Handlung zu beurteilen, oder gegen jemand vorzugehen, der wohl Schuld aber nicht Ursache des Unglücks, Missgeschicks ist.

Ich will mit ein paar Beispielen meine Ansichten über Heer und Flotte erläutern.

Wären wir vor zwanzig Jahren in einen Krieg verwickelt gewesen, so wäre die Flotte ebenso schwach gewesen wie das Heer. Damals wären unsere Schiffe der spanischen Flotte gegenüber ebenso machtlos gewesen, wie jetzt ungeübte Soldaten, wie tapfer sie auch sein mögen, mit altmodischen Gewehren einem gut gedrillten, mit dem neuesten Repetiergewehr ausgerüsteten Heere Widerstand leisten könnten. Glücklicherweise wurde zu Anfang der 80er Jahre unsere Aufmerksamkeit auf die Marine gelenkt, und der Kongress bestimmte Summen für die Erneuerung des Seewesens. Unter geschickten und patriotischen Staatssekretären von der einen wie von der anderen politischen Partei wurde nun eine Flotte hergerichtet, deren Material dem schneidigen Personal vollkommen entsprach. Und 1898 nahm die Flotte den Platz ein, der ihr unter den gewaltigsten und glänzendsten Seemächten der Welt zukommt. Ehre den Männern, die die Leitung der Marine in den Händen hatten, während die großen Taten verrichtet wurden: Ehre dem Sekretär Long und dem Admiral Dewey, Ehre den Kapitänen, die die Schiffe während des Gefechtes befehligten, Ehre den tapferen Leutnants, die in den kleinen Booten ihr Leben wagten, Ehre den Beamten zu Washington, die dafür Sorge trugen, dass die Schiffe so befehligt, so bewaffnet, so ausgerüstet und mit solchen ausgezeichneten Maschinen versehen waren, dass das gute Resultat sicher war. Aber wir dürfen nicht aus dem Auge verlieren, dass dies alles vergeblich gewesen wäre, wäre unser Seewesen in den letzten fünfzehn Jahren nicht Gegenstand andauernder Sorge gewesen. Wer denkt dabei nicht an die Staatssekretäre der Marine während dieser Zeit? An die Mitglieder des Senats und des Kongresses, die die nötigen Gelder für den Bau und die Bewaffnung der Schiffe und für die Übungen der Mannschaften bewilligten? An die Erbauer dieser Schiffe? An die Admirale und Kapitäne, die die Kreuzer und Torpedoboote über das weite Meer führten und dabei ihre seemännische Tüchtigkeit, ihre technischen Kenntnisse zur Schau trugen und ihre Geübtheit in kombinierten Manövern, die von ihren Nachfolgern dann vor Manila und Santiago in so glänzender Weise in die Praxis umgesetzt wurden.

Aber vergessen wir dabei nicht die Gegner, vergessen wir nicht die Mitglieder des Senats und des Kongresses, die sich dem Bau der neuen Schiffe widersetzten und dem Beschaffen der Geschütze, ohne die die Schiffe wertlos sind, der entsprechenden Vergrößerung des Marinebudgets und der Ausmusterung einer genügenden Mannschaft für unsere Flotte. Ihnen gebührt kein Teil an dem Ruhm, den wir uns vor Manila und Santiago geholt haben. Sie haben keinen Grund, auf den Mut unserer Schiffsoffiziere, auf den Sieg unserer Flagge stolz zu sein. Mögen ihre Absichten auch ehrlich oder nicht gewesen sein, ihre Taten waren im höchsten Grade verderblich. Sie beschnitten unsere nationale Ehre. Aber trotz ihrer traurigen Opposition siegten wir.

Ziehen wir aus der Vergangenheit Lehren für unsere gegenwärtige Politik. Unser Heer hat noch nicht die erforderliche Stärke. Es muss nicht nur vermehrt, sondern auf eine ganz neue Weise organisiert werden. Neue Gesetze müssen diese Organisation regeln. Es muss ein Generalstab gebildet werden, der die verschiedenen Zweige des Dienstes zu dirigieren hat. Dem Heere muss vor allen Dingen Gelegenheit gegeben werden, in großem Maßstabe Übungen vorzunehmen. Es darf niemals wieder vorkommen, dass wie im spanischen Krieg eine Division unter dem Befehl eines Generalmajors steht, der bisher noch nie mit drei Kompagnien zugleich manövriert hat.

Wie unglaublich es auch klingen mag, der Kongress zeigt noch immer eine seltsame Indolenz, um aus den Erfahrungen dieses Krieges Lehren zu ziehen. In beiden Häusern erklärte sich eine große Anzahl gegen den Krieg, gegen die Bestätigung der Friedensbedingung, gegen die Vermehrung des Heeres, ja selbst gegen das Anschaffen von Geschützen für die Kriegsschiffe, wodurch jeder weitere Bau von Schiffen unmöglich gemacht wurde. Meine Herren, wälzen Sie alle möglichen Unglücksfälle zu Lande und zur See, wälzen Sie alle Schmach, die die Vereinigten Staaten vielleicht in den nächsten Jahren treffen wird, auf die Männer, die im Kongress bei der Behandlung so wichtiger Fragen sich ablehnend verhalten haben. Sie sind verantwortlich für das Leben jedes Soldaten, jedes Matrosen, der verloren geht. Aber Ihnen, meine Herren und Einwohner dieses Landes muss es zur Schande gereichen, wenn Sie nicht mit aller Kraft wieder einholen, was jene Männer versäumt haben. Nicht die Befehlshaber ungeübter Truppen, die selber keine militärische Ausbildung genossen haben, nicht die bürgerlichen Beamten eines Departements, das ungenügend eingerichtet ist, nicht der Admiral, der über eine zu geringe Anzahl Schiffe verfügt, sind die Schuldigen, sondern die Staatsleute, die in so verächtlicher Weise versäumt haben, zeitig Maßregeln zu ergreifen, und das Volk, das hinter diesen Staatsleuten steht.

Das Heer und die Flotte sind das Schwert und das Schild, das unsere Nation tragen muss, wenn sie ihre Pflicht unter den Völkern der Erde erfüllen und nicht das China der westlichen Halbkugel werden soll.

Sowohl in Westindien wie auf den Philippinen stehen wir vor den schwierigsten Aufgaben. Es würde feige sein, wollten wir vor diesen Schwierigkeiten zurückschrecken. Sie müssen auf jeden Fall gelöst werden, wenn nicht von uns, dann von einem anderen, mutigeren, kräftigeren Volke. Sind wir zu weich, zu selbstsüchtig oder zu ungeschickt für diese Aufgabe, so müssen sie widerstandsfähigere, tauglichere Menschen zur Hand nehmen. Ich habe zu viel Vertrauen zu der Größe meines Landes, zu der Energie meiner Landsleute, um auch nur einen Augenblick zu glauben, dass es dazu kommen wird.

Bei jeder der Inseln haben wir mit verschiedenen Umständen zu rechnen. Puerto Rico ist nicht groß genug, um auf eigenen Füßen zu stehen, wir müssen es verständig und gut regieren und uns vor allem die Interessen der einheimischen Bevölkerung angelegen sein lassen. Kuba hat meiner Ansicht nach das Recht, später selbst zu bestimmen, ob es einen unabhängigen Staat bilden oder ein Teil der mächtigsten aller Republiken sein will. Solange Ordnung und Freiheit aber nicht vollständig wieder hergestellt sind, müssen wir auf der Insel bleiben, um dafür zu sorgen. Mit viel Geschick und Urteil, mit Mäßigung und Mut müssen unsere militärischen und bürgerlichen Beamten die Ruhe auf der Insel herstellen, unermüdlich alle Raubsucht zügeln, unparteiisch die Freiheit beschirmen, und denjenigen, die für die Freiheit Kubas gekämpft haben, alle schuldige Ehre erweisen.

Noch größere Schwierigkeiten bieten uns die Philippinen. Die Bevölkerung besteht aus inländischen Christen, kriegssüchtigen Mohammedanern und barbarischen Heiden. Ein großer Teil der Bevölkerung ist ungeeignet zur Selbstregierung und wird es wohl auch, soweit sich sehen lässt, für immer bleiben. Andere werden mit der Zeit vielleicht im Stande sein, sich selbst zu regieren, müssen sich aber vorläufig noch einer Regierung fügen, die nach einem verständigen Prinzip handelt: Streng und zugleich heilsam. Wir vertrieben die spanische Tyrannei von den Inseln; wenn an ihrer Stelle eine barbarische Anarchie treten sollte, so würden wir Böses statt Gutes erreicht haben.

Ich habe wenig Achtung vor den Menschen, die zu ängstlich sind, die Regierung auf den Philippinen anzutreten und öffentlich diese Furcht aussprechen oder wegen der Kosten und der Mühe dagegen sind. Aber noch weniger Achtung habe ich vor jenen unausstehlichen Männern, die ihre Feigheit hinter einer falschen Menschenfreundlichkeit verbergen und mit Worten wie „Freiheit" und „Zustimmung der Regierten" hausieren gehen, zur Entschuldigung dafür, dass sie keine Männerrolle auf sich zu nehmen wagen. Siegte ihre Lehre, so würden heute noch die Apachen in Arizona sich selbst überlassen sein, und wir brauchten uns mit keinem einzigen Indianeraufstand zu bemühen. Diese Lehre verurteilt es, dass ihre und meine Väter in den Vereinigten Staaten sich niedergelassen haben.

Englands Regierung über Indien und Ägypten hat England großen Vorteil gebracht, aber von noch größerem Vorteil ist sie für Indien und Ägypten gewesen und für die Kultur selber. Ebenso sollten auch wir durch Erfüllung unserer Pflichten den Philippinen gegenüber zu diesem nationalen Ruhm beitragen, der den besten und edelsten Teil des Volkslebens ausmacht, indem wir die Wohlfahrt der Bewohner dieser Inseln fördern und vor allem an dem Fortschritt der Menschheit mitwirken. Hierzu bedarf es aber eines hohen Grades von Mut, Ehrlichkeit und Klugheit. Aller Widerstand muss gebrochen werden. Unsere Flagge muss anerkannt werden. Vor allem müssen wir den gewaffneten Widerstand des Feindes unerbittlich und so schnell wie möglich unterdrücken. Wir können denjenigen unserer Landsleute, die den Feind ermutigen, mit schweigender Verachtung den Rücken kehren.

Sobald der Aufstand niedergeschlagen, unsere Regierung befestigt ist, beginnt erst die eigentlich schwierige Aufgabe. Denn dann müssen wir dafür Sorge tragen, dass die Inseln mit voller Ehrlichkeit und großer Einsicht regiert werden. Die Ernennungen der Beamten unter dem Einfluss der herrschenden Regierungspartei vornehmen zu lassen, das würde der erste Schritt auf dem breitgetretenen Pfade sein, der Spanien zum Verderben führte. Gute, verständige Männer müssen wir hinschicken, Männer, die wegen Tauglichkeit, nicht wegen ihrer politischen Farbe ernannt werden. Die Beamten müssen nicht nur unparteiisch handeln gegen die Eingeborenen und ihrem eigenen Lande ehrlich und treu dienen, sie müssen auch Geschick und Energie in großem Maße an den Tag legen und stets bedenken, dass den Menschen gegenüber, mit denen sie dort zu tun haben, Schwäche ein noch größeres Verbrechen ist, als Verkennung der dort herrschenden Grundsätze und Vorurteile.

Mitbürger! Das Vaterland erlegt euch kein Leben voll Gemächlichkeit auf, sondern ein Leben voll Arbeit. Das zwanzigste Jahrhundert wird das Schicksal manches Volkes entscheiden. Bleiben wir ruhige Zuschauer, suchen wir Genüge in einem unrühmlichen Frieden, schrecken wir zurück vor dem Kampf, der allein, selbst auf die Gefahr hin, das Leben und alles, was uns lieb ist, zu verlieren, zum Siege führt, dann werden mutigere und kräftigere Völker uns beiseiteschieben und sich der Herrschaft über die Welt bemächtigen. Treten wir deshalb mutig dem Leben voll Kampf entgegen, fest entschlossen, tapfer und männlich unsere Pflicht zu erfüllen, fest entschlossen, in Tat und Wort rechtschaffen zu sein, fest entschlossen, sowohl ehrlich wie tapfer zu sein, uns stets hohe Ideale vor Augen zu halten und doch praktische Mittel anzuwenden. Ja, lasst uns durch keinen Kampf, geistig oder körperlich, im Inland oder im Ausland abschrecken, wenn wir davon überzeugt sind, dass der Kampf berechtigt ist. Denn allein durch Kampf, durch kraftvolle Anspannung und Trotzen der Gefahr werden wir schließlich das Ziel wahrer nationaler Größe erreichen.

Volksleben und Volkscharakter

(1894)

Mit seinem *„National Life and Character; a Forecast“* hat Charles H. Pearson, früher Mitglied des Oriel College in Oxford und eine Zeit lang Staatssekretär des Unterrichtswesens, eines der bemerkenswertesten Bücher veröffentlicht, die am Ende des 19. Jahrhunderts erschienen sind. Er hätte genauer in seinen Tatsachen sein können, manche Schlussfolgerungen scheinen gesucht, mit seinen Prophezeiungen werden nicht viele einverstanden sein – und doch kann niemand dies Buch lesen, ohne sein Denkvermögen zu schärfen, ohne veranlasst zu werden, über Fragen nachzudenken, die er früher nur halb verstanden oder gar nicht beachtet hatte, ohne einzusehen, dass das Buch von einem hochentwickelten Mann herrührt der mit klarem, kundigen Blick die Mächte zu erkennen vermag, die augenblicklich die Welt beherrschen.

Pearson gehört zu der Pessimisten-Schule, die in England, wo sie schon vor mehr als einem halben Jahrhundert heimisch war, in den letzten zwanzig oder dreißig Jahren so an Feld gewonnen hat. Es scheint sogar, als ob über die feingebildeten Engländer ein Gefühl der Mutlosigkeit gekommen ist. Bei ihren Staatsleuten, ihren Journalisten, ihren Schriftstellern, überall kann man das bemerken. Besonders Mr. Balfour hat es vorzüglich verstanden in gutem Englisch und auf echt wissenschaftlicher Grundlage seinen vollständigen Unglauben an dem Fortschritt der heutigen Zeit und seinem ebenso großen

Zweifel an der Zukunft, der wir entgegengehen, Ausdruck zu verleihen.

Zum großen Teil besteht für diesen Pessimismus mit seinen unvermeidlichen Prophezeiungen nicht der geringste Grund. Bis auf den heutigen Tag legten Autoren, die sich in solchen Kassandrarufen gefielen, mit ihren schwarzseherischen Betrachtungen über unsere Zeit zumeist nur Zeugnis ab für ihre eigene Schwäche und ihr Unvermögen, Geschehnisse und Personen ihrer Zeit ordentlich beurteilen zu können. Der Schwache, der Mann, der den Personen und Ereignissen seiner Zeit gegenüber sich nicht gewachsen fühlt, ist leicht geneigt, Menschen und Ereignisse ungünstig zu beurteilen. Vermag er die Feder zu führen, so wird er seine Jeremiade ausführlich zu Papier bringen. Auch kräftige Menschen, die an schlechter Verdauung leiden, pflegen zuweilen in einem Augenblick übler Laune auf die Gegenwart zu schelten und die Vergangenheit in den Himmel zu heben, weil sie sie nicht erlebt haben. Wer nur die Augen aufzumachen weiß, braucht nicht erst darauf aufmerksam gemacht zu werden, dass keine Periode in der Weltgeschichte nachgewiesen werden kann, wo das Glück so allgemein unter den Menschen verbreitet war, wie heute.

Niemals ist das Leben so interessant, so voller Abwechslung, so voller Genüsse gewesen, wie das unsere. Nicht nur für die Arbeiterklasse, sondern auch für die Bemittelten. Niemals hat es bessere Gelegenheiten gegeben, um neue Gemeinwesen zu begründen, Länder zu kultivieren, Königreiche zu erobern oder die Regierungsprinzipien der alten Völker den ganz neuen, ungekannten Zuständen anzupassen. Das letzte halbe Jahrhundert hat große Geschichtspreise ausgeteilt. Lincoln und Bismarck haben ihren Platz unter den Weltberühmtheiten eingenommen. Meister in der Kriegskunst erstanden in Amerika, in Deutschland und in Russland: Lee und Grant, Jackson und

Farragut, Moltke und Skobelev. Und die Erfindungen auf mechanischem und elektrischem Gebiet hatten niemals zuvor ihresgleichen.

Überall Fortschritt und Bewegung.

An den Ufern des Saskatchewan, der Columbia, des Missouri, des Colorado, an den Küsten Australiens und dem Innern von Zentralafrika erhoben sich neue Staaten. Ganze Gebiete wurden durch das Schwert erobert. Birma und Turkestan, Ägypten und das Land der Matabele fielen als Belohnungen der Tapferkeit den englischen und russischen Siegern anheim. Englische Beamte herrschen heute über größere, unterworfene Reiche, als sie Alexander je sein eigen nannte. Die Literatur zwar hat keinen Namen hervorgebracht, der den sechs ersten in der Literatur aller Zeiten anzureihen wäre. Doch haben viele Schriftsteller bleibenden Einfluss auf die Literatur ihres Landes gehabt und ihre Werke werden ebenso lange fortleben, wie irgendein anderes in ihrer Sprache geschriebenes Werk. Noch mehr ist in der Wissenschaft erreicht worden. Darwin brachte eine wahre Umwälzung in dem menschlichen Denken hervor, und verschiedene andere stehen nur eine kleine Stufe unter ihm.

Nicht nur für kräftige, reich begabte, sondern auch für Durchschnittsmenschen sind die Verhältnisse besonders günstig gewesen.

Im Allgemeinen nährt sich der Arbeiter besser als früher, er geht besser gekleidet, wohnt besser und hat mehr Gelegenheit zur Erholung und zur Ausbildung von Geist und Verstand. Wer geschickt genug ist, um Gesetze zu machen, der hat das besondere Vorrecht, sich mit kniffligen Fragen beschäftigen zu können, die nicht minder wichtig sind wie diejenigen, mit denen sich in früheren Zeiten Regierende und Gesetzgeber abgegeben haben. Ein Normal-Mensch, ein Mann, der Abenteuer liebt und das Leben so viel wie möglich genießen will, hat dazu entschieden viel bessere Gelegenheit, als seine Voreltern vor ein, zwei oder drei Jahrhunderten. Er kann in der Welt herumreisen, sich niederlassen wo er will, wilde Gegenden kultivieren, sich jahrelang in der Wildnis einschließen und Raubtiere jagen und dann und wann an einem Kriege teilnehmen. Wozu er in seinen Liebhabereien auch neigt, stets wird er die Beobachtung machen, dass die Kultur des 19. Jahrhunderts so beschaffen ist, dass er bequem irgendetwas von Belang verrichten kann, was früher für Menschen seines Schlages nicht möglich war. Wenn er aufmerksam zusieht, wird er die Beobachtung machen, dass größere Kräfte um ihn her an der Arbeit sind, als sie je zuvor tätig waren, um durch Zufall oder durch Absicht die unglaublichsten Resultate zu erreichen. Vor seinen Augen spielt sich eine große Verschiebung der Menschheit und der Kultur ab, die aus Amerika, nördlich vom Rio Grande und aus Australien englisch sprechende Weltteile macht, die Mittel- und Südamerika mit Staaten von einer unsicheren Zukunft füllt, die zum ersten Mal eine große arische Nation im nördlichen Teile Asiens schafft, und die in Afrika viel wichtigere Veränderungen einführt, als sie je zu bemerken waren, seitdem die Bantuneger ihre bienenkorbartigen Hütten zum ersten Mal an den Ufern des Kongo und des Sambesi niedersetzten. Fürwahr, unser Jahrhundert ist ganz und gar voll Leben und Interesse.

Und doch wollte Carlyle von diesem Jahrhundert nichts wissen. Ist es nicht seltsam, dass er die Männer, die tätig waren, alles dies zu Stande zu bringen, für ein abgelebtes Geschlecht hielt?

Mit klaren Augen sah er die Wichtigkeit und den Umfang des englischen Bürgerkrieges im 17. Jahrhundert, und doch war er mit so unglaublicher Blindheit geschlagen gegenüber dem viel größeren und viel wichtigeren

Bürgerkrieg, der sich gerade vor ihm in dem Amerika des 19. Jahrhunderts abspielte. Die Heldentaten von Naseby, von Worcester, von Minden, verbargen ihm die Heldentaten bei Balaklawa und Inkerman, bei Lucknow und Delhi. Nach ihrem Wert wusste er die großen Schlachten des Siebenjährigen Krieges zu schätzen, aber für die Schlachten der Heere am Potomac und in Nord-Virginia hatte er wenig Verständnis. Er stand ganz unter dem Eindruck der Erbitterung, der Angst und der Verzweiflung der Schlacht bei Kunnersdorf, aber die unendlich größere Wichtigkeit des Kampfes auf Leben und Tod bei Gettysburg sah er nicht. Seine Augen waren durch die großen Dramen der Vergangenheit so blind geworden, dass er die noch größeren Dramen der Gegenwart nicht mehr unterscheiden konnte.

Man kann getrost sagen, dass sowohl Staatsleuten, Militärs, Landpionieren, Politikern, wie Industriellen und Gelehrten niemals eine bessere und vorteilhaftere Gelegenheit geboten wurde, etwas Großes und Bleibendes zu vollführen, als in der letzten Hälfte des 19. Jahrhunderts.

Niemals ist das Leben so viel wert gewesen. Niemals wurde von dem Einzelnen sowohl wie von der Gesamtheit Hervorragenderes geleistet.

Und doch gibt es Anzeichen, dass wir am Vorabend großer Veränderungen stehen, dass unsere persönlichen und nationalen Lebensbedingungen in dem folgenden Jahrhundert in radikaler, einschneidender Weise verändert werden. Kräfte, die in dem 19. Jahrhundert unsere nationale Größe und unser individuelles Glück hervorbrachten, werden in dem 20. Jahrhundert verschwinden oder an Stärke abnehmen. Einflüsse, die schon jetzt zu Abwegen hinführen, werden dann mehr hervortreten und sich stärkere Geltung verschaffen. Es ist verkehrt, der Zukunft mit einem blinden, sorgenlosen Optimismus entgegenzusehen. Aber ebenso töricht ist es, nach der Zukunft nur durch den dunkelgrauen Nebel hinzustarren, der die Verkündiger des Pessimismus einhüllt. Man sehe den Tatsachen mutig ins Gesicht und bedenke stets, dass die härteste Wahrheit ein sicherer Führer ist, als die sanfteste Lüge.

Wie die Zukunft auch sei, auf unsere heutigen Pflichten darf sie keinen Einfluss ausüben. Wir müssen in dem Streit um das, was wir als Recht und Wahrheit erkennen, tapfer standhalten und den Ereignissen ruhig ihren Lauf lassen. Wenn es auch recht zwecklos ist über die Zukunft nachzudenken, so denken doch die meisten Menschen darüber nach. Wer in die Zukunft sehen will, tue das aber mit einem möglichst klaren Blick.

Pearson beschreibt die seiner Ansicht nach wahrscheinliche Entwicklung unseres Volkslebens und Charakters während der Zeitperiode, in die wir jetzt eintreten. Er ist besonders gut geeignet für seine Aufgabe. Er hat gründlich studiert und ist viel herumgekommen. Er hat viele Bücher gelesen und hat einen klaren Blick für die Menschen. Nachdem er an einer der ältesten Universitäten studiert hatte, sammelte er eine vieljährige Erfahrung als Minister in einer der jüngsten Republiken. Er spricht mit Überzeugung und Geschmack.

Sein Buch ist gut in der Form und noch besser im Inhalt, denn er hat über die Probleme, die für die Zukunft der Menschheit von höchster Wichtigkeit sind, ernst und gründlich nachgedacht. Er zeichnet sich durch Ursprünglichkeit aus und gibt sich ehrlich Mühe, die Tatsachen so zu sehen, wie sie wirklich sind. In meinen Augen ist er unnötig pessimistisch. Aber er ist es nicht mit Absicht, auch nicht, weil sein Pessimismus eine Art Manie bei ihm geworden ist. Er tut, und zuweilen mit gutem Erfolg, sein Möglichstes, um dem Guten nachzuforschen und darauf aufmerksam zu machen. Wir mögen mehr oder weniger von seinen Anschauungen abweichen, das eine müssen wir immer beachten, dass wir jemand vor uns haben, der von den besten Absichten geleitet und erst nach vielem Nachdenken zu seinen ziemlich traurigen Schlussfolgerungen gelangt ist.

Seine Einleitung lässt sich ebenso angenehm lesen wie die folgenden Hauptabschnitte und steht in enger Beziehung zu dem ersten, der den Titel führt: *„Die gegenseitigen Grenzen für die höheren Rassen.“*

Ich möchte dieses Kapitel für das wichtigste der vorhandenen sechs nennen, wenn ich nicht beim Lesen eines dieser fünf anderen wieder zweifelhaft geworden wäre.

Pearson sieht ein, was jeder begreifen muss, aber offenbar nicht begreift, nämlich, dass die höheren Rassen, die Rassen, die während der letzten 25 Jahrhunderte – man beachte wohl, nur während der letzten 25 Jahrhunderte – die Welt regiert haben, sich nur auf einem Boden und in einem Klima fortpflanzen konnten, das mit ihrem europäischen Geburtsland übereinstimmt, d.h. sie können nur in den nördlichen oder südlichen gemäßigten Zonen fruchtbar sein.

Vor vierhundert Jahren waren die gemäßigten Zonen spärlich bevölkert, während die halbtropischen und tropischen bereits eine dichte Bevölkerung aufwiesen. Ein Kennzeichen der Weltgeschichte während der letzten vier Jahrhunderte ist die Bevölkerung dieser ausgedehnten, wenig bewohnten Gegenden durch Menschen europäischer Abstammung, besonders durch englisch, doch auch russisch und spanisch Sprechende. Von dieser Zeit datiert das große Übergewicht dieser europäischen Völker über alle anderen Rassen. In den Tagen der griechisch-mazedonischen und römischen Herrschaft hatten europäische Völker zwar ebenfalls eine derartige Oberherrschaft geführt, doch nicht in dem Maße, weil damals Amerika und Australien noch nicht entdeckt waren, Afrika südlich der

Sahara von Römern und Griechen gemieden wurde und ganz Asien, mit Ausnahme eines ganz kleinen Teiles, mit seiner vielgestaltigen, eigenartigen alten Kultur noch nicht unter dem europäischen Einfluss erblasst war, sondern im Gegenteil drohende Gefahren für Europa bot.

Die Veränderung kam.

Große, englisch sprechende Völker siedelten sich in Amerika nördlich vom Rio Grande an und lassen sich noch immer in Australien nieder.

Die Russen trachten danach, ein großes Reich im Norden von Asien zu errichten zwischen dem Gelben Meer und dem Uralgebirge, und obwohl man sich wegen dieser Absicht noch nicht allgemein erregt, messen ihr nachdenkende Menschen doch die größte Bedeutung bei. Das tropische Amerika wurde von Völkern besiedelt, die teilweise europäischer Abstammung und zum größten Teil europäisch in Gesinnung, Sprache und Religion waren. Das tropische Asien und Afrika wurden unter die europäischen Mächte verteilt und werden unter militärischen und bürgerlichen Beamten mehr oder weniger in allgemeiner Abhängigkeit gehalten.

Es liegt auf der Hand, dass Menschen, die sich mit einer oberflächlichen Betrachtung der Dinge zufrieden geben, und die die seit Jahrhunderten herrschenden Neigungen für ebenso unzerstörbar halten, wie die großen Naturgesetze, es nur für eine Frage der Zeit erachten, dass die gebildeten Völker die gesamte Welt überfluten und in Besitz nehmen werden, wie es mit Europa und Nordamerika bereits der Fall ist.

Das Unbegründete dieses Glaubens weist Pearson klar nach. Besonders gebührt ihm das Verdienst, den großen Unterschied zwischen dem Verdrängen einer Rasse und rein politischen Eroberungen gekennzeichnet zu haben. Für eine gewisse Zeit mag die Eroberung eines Landes durch ein anderes dichtbevölkertes Reich sehr die Aufmerksamkeit auf sich lenken und weittragende Folgen nach sich ziehen. Und doch ist dies von untergeordneter Bedeutung, verglichen mit jenen Eroberungen, wodurch neue Nationen aus einem alten Stamm in neuen Ländern entstehen.

Die Feldzüge der Feldherren des Justinian gegen die Goten und Vandalen, gegen die Bulgaren und Perser wurden damals in dem gebildeten Europa für viel wichtiger gehalten als der armselige Kampf, der sich in England zwischen den Nachkömmlingen niederdeutscher Seeräuber und den britischen Eingeborenen entspann. Was macht es aber für die Geschichte aus, ob Belisar die Ostgoten verjagte, um für die Langobarden Platz zu machen, ob die Vandalen sich den Römern unterwarfen anstatt ein paar Jahrhunderte später den Sarazenen? Aber von allergrößter Wichtigkeit für die Zukunft der gesamten Welt ist es, dass die Briten und nicht die wüsten Horden aus Wales Herren von Britannien blieben.

So auch in unserer Zeit.

Die englische Geschichte während des letzten Jahrhunderts ist voll von allerlei Zwischenfällen, die sich in Indien zutrugen, während von Australien nur selten die Rede ist. Und doch ist das Bevölkern dieses großen Weltteiles für das zukünftige Geschlecht tausendmal wichtiger als der Besitz Hindostans während einiger Jahrhunderte.

Pearson sieht es klar ein und beweist es, dass eine Eroberung, die nur auf das Errichten einer äußerlichen Regierungsgewalt hinausläuft, auf die Dauer wertlos ist. Deutlich legt er dar, dass sich unsere Rasse in den tropischen Gegenden nicht vermehren kann. Sie lässt dort nur eine dünne Blutspur zurück in Gestalt von Gesetzen und Regierungsformen für die Eingeborenen, die sich aber nach ihrer eigenen Weise weiter entwickeln.

In der alten Welt tut unsere Rasse nicht einmal dieses. Was bedeuten die zehntausende, vielleicht hunderttausende Eurasier, die eine neue Kaste in dem asiatischen Volksgemisch bilden? Was bedeutet hier und da in Afrika ein einzelner Mulattenstamm wie die Griquas? Nein, es ist noch keineswegs bewiesen, dass der Europäer in den warmen Gegenden Indiens und Afrikas leben und sich fortpflanzen kann. Pearson hat ein gutes Recht, den Weißen, die diese tropischen und halbtropischen Gegenden in der alten Welt erobert haben, dasselbe Schicksal zu prophezeien, das die griechischen Königreiche in Baktrien und auf dem Chersones fanden. Die griechischen Beherrscher von Baktrien wurden allmählich verdrängt und verschwanden; ebenso wie die englischen Beherrscher Indiens wahrscheinlich einmal – im Interesse der Menschheit vertrauen und hoffen wir von Herzen, dass diese Zukunft noch fern ist – verschwinden und verdrängt werden. In Afrika, südlich vom Sambesi, und vielleicht hier und da auf den Hochflächen des Nordens mögen die Weißen sich halten können, doch werden diese Staaten sicherlich eine große farbige Bevölkerung an sich ziehen, die stets die Weißen zu verdrängen droht. Im tropischen Afrika wird eine solche Ansiedelung von Weißen wohl niemals Erfolg haben.

Ohne Zweifel werden europäische Abenteurer und arabische Eindringlinge noch Jahrhunderte lang über große Landstriche südlich vom Sudan und nördlich vom Wendekreis des Steinbocks herrschen und die Beschaffenheit der Negervölker wird in sozialer wie physischer Hinsicht großen Veränderungen entgegengehen infolge ihres Einflusses und desjenigen der Halbblutnachkömmlinge dieser europäischen und arabischen Industrie- und Glücksritter. Doch welchen Veränderungen diese Völker auch entgegengehen mögen, an Körper und Geist werden sie immer Neger bleiben. Früher oder später werden sie aber sicherlich das Joch dieser europäischen Eindringlinge abschütteln. Wir wollen hoffen, dass bis dahin noch verschiedene Jahrhunderte vergehen mögen.

Westindien wird allmählich zu einer Gruppe Negerinseln. Der Spanier, bei dem sich der Übergang zu den weniger kultivierten Rassen deutlich kennzeichnet, übt auf die Eingeborenen der tropischen Gegenden einen bleibenderen Einfluss aus als der Engländer. Überall, wo der Spanier und der Portugiese in den Tropen Besitzungen gehabt hat, trifft man Rassen, die, obwohl sie sich von den arischen aus der gemäßigten Zone unterscheiden, doch die verbindende Brücke zwischen ihnen und den schwarzen, roten und gelben Menschen bilden, die seit undenklichen Zeiten an beiden Seiten des Äquators wohnen.

Pearson scheint aber ein gutes Urteil über die Zukunft der tropischen Völker zu haben. Die herrschende Rasse in den gemäßigten Zonen kann die Eingeborenen der Tropenländer niemals völlig verdrängen. Allerdings ist es sehr wahrscheinlich, dass diese Menschen sich einst von der europäischen Herrschaft befreien und wieder unabhängige Nationen werden, wenn es auch möglich ist, dass eine kräftige, nördliche Rasse mit Hülfe der heutigen, bequemen Verkehrsmittel die Chance hat, ihr Blut immer wieder aufzufrischen und auf diese Weise ihre Oberherrschaft in den tropischen Ländern aufrecht zu erhalten vermag.

Gewinnen diese schwarzen, roten und gelben Völker aber ihre Unabhängigkeit, dann werden sie nach Pearson die Herrschaft der höheren Rassen bedrohen, entweder durch Waffengewalt oder durch Konkurrenz auf industriellem Gebiet, und das Bewusstsein, dass sie mit ihnen konkurrieren, wird die höheren Rassen bereits bedrücken und entmutigen.

Für diese Befürchtung, die Pearson äußert, ist aber wenig Grund vorhanden. Pearson übersieht den gegenseitigen Charakterunterschied zwischen den Völkern der tropischen Gegenden infolge des europäischen Einflusses. Die alten Stämme, die gegenwärtig durch die europäische Herrschaft unterjocht sind, werden sich wieder erheben, und, obgleich sie ebenso wenig europäisch sind, wie je zuvor und mit europäischen Elementen fast unvermischt erscheinen, werden sie doch sehr verändert sein, auch in ihrem Verhältnis zueinander. In Afrika werden die eingeborenen Staaten wahrscheinlich zwischen den an der tropischen Küste bereits existierenden portugiesischen Übergangsrassen und einer ländlichen Bevölkerung von Islam-Gläubigen, die unter einer Art asiatischer Regierung stehen, abwechseln. Höchstens werden in einzelnen dieser Staaten Menschen von europäischer Abkunft das Übergewicht haben. Diese Veränderung hat in Süd- und Zentralamerika sich bereits vollzogen, wo die Staaten keiner merkbaren Umgestaltung mehr entgegengehen können. Hier und da mögen wohl Vollblut- oder Halbblutchinesen auftauchen, aber diese Staaten werden stets bleiben, was sie sind: Zum Teil bewohnt von Weißen, doch zum größten Teil von Indianern oder Negern, die in Sprache, Religion, Wissenschaft und Regierungssystem Europa und Nordamerika nachzuahmen sich bemühen.

Erhalten, wie Pearson erwartet, die schwarzen und gelben Völker dieselbe Unabhängigkeit, wie sie die rote Mischrasse schon jetzt besitzt, dann würde das, seiner Ansicht nach, zweierlei Gefahren für uns zur Folge haben. Einmal wird die allgemeine Wohlfahrt durch die Konkurrenz der tausende und abertausende Eingeborener der tropischen Gegenden bedroht. Die zweite Gefahr besteht in der Möglichkeit eines Einfalles in die gemäßigten Gegenden.

Selbst Pearson hat vor diesem Einfall keine besondere Furcht, während meiner Ansicht nach auch die geringste Furcht davor völlig unbegründet ist. Die Angst vor der großen Fruchtbarkeit der chinesischen Rasse bedrückt ihn. Er erwartet, dass die Chinesen in Ostindien, Neuguinea und im übrigen Indien die herrschende Bevölkerung bilden werden. In dieser Hinsicht kann er Recht haben. Aber was macht es für uns Weiße aus, ob die Malayen, Dajaks und Papuas ausgerottet oder verdrängt werden?

Auch neigt Pearson der Ansicht zu, dass Chinesen die Russen aus Asien vertreiben werden. Ich bin hierin anderer Anschauung. Soweit wir es ohne statistische Angaben zu beurteilen vermögen, vermehren sich die Chinesen in der letzten Zeit beträchtlich weniger schnell als die Slaven oder Angelsachsen. Nach etwa einem halben Jahrhundert werden sie vielleicht gleich zahlreich sein. Der Strom der chinesischen Auswanderer richtet sich nach Süden und nicht nach Norden, so dass nur die englischen und französischen Besitzungen bedroht werden. Im Norden hat man viel mehr Mühe, die russischen Kolonisten am Überschreiten der chinesischen Grenze zu hindern. Sobald die große transsibirische Bahn fertig ist und sich etwa noch eine Million russischer Kolonisten zwischen der Wolga und der Amurmündung niedergelassen haben, wird die Gefahr eines bewaffneten Einfalls der Chinesen in Russisch-Asien, wenn sie überhaupt gegenwärtig bestehen sollte, ganz geschwunden sein. Der Chinese ist niemals wie der Türke oder der Tartare kampflustig gewesen, und wird es wohl auch nie sein.

Zudem müsste er über eine große Übermacht verfügen können, um in dem Eroberungskrieg gegen ein kräftiges militärisches Volk irgendeine Chance haben zu können. Bis auf den heutigen Tag ist der Chinese noch nicht einmal so weit, sich ein Heer zu organisieren, das im Stande ist, europäischen Angriffen entgegenzutreten. In China gibt es keine großen Wege, der militärische Beruf steht in geringer Achtung, und die chinesischen Truppen würden höchstens unter einem europäischen Befehlshaber etwas leisten, zu dem nur in dem äußersten Falle, zum Zwecke der Verteidigung, niemals für den Angriff, Zuflucht genommen würde. Überdies ist China nichts weiter als eine Reihe von Provinzen, mit Peking als Verbindungspunkt. Ein kleines geübtes Heer würde Peking jederzeit bequem einnehmen können. China muss erst selber eine große, unerwartete Umwälzung durchmachen, bevor es für Sibirien eine Gefahr werden kann. Es ist nicht gut denkbar, dass der Chinese den europäischen Kolonisten aus einem Lande verdrängen soll, wo dieser zur Mehrheit einer freien, dichten Bevölkerung und nicht zu einer Hand voll Eindringlingen gehört. In der fernen Zukunft kann China vielleicht, obgleich dafür noch kein Anzeichen vorhanden ist, den Weg Japans gehen und seine Politik verändern, sein Heer und seine Flotte vergrößern. Aber ist dies für die „höheren" Rassen ein Grund, sich zu beunruhigen und den Mut sinken zu lassen?

Zur Zeit der Königin Elisabeth nahm Flotte und Heer der Türken einen höheren Rang unter den europäischen Mächten ein, wie man von China oder irgendeinem anderen tropischen Reich wohl jemals erwarten kann, und doch kennzeichnet das Jahrhundert der Königin Elisabeth sich sowohl durch große Regsamkeit wie durch die Blüte von Kunst und Wissenschaft.

Die Erwartungen, die man auf ein vereinigtes Indien setzt, sind noch unbegründeter. Pearson betont, dass gerade durch die Beständigkeit der europäischen Herrschaft, wodurch Kriege und Hungersnot vermieden werden, die Bevölkerung zunimmt und eine Einigkeit im Lande zuwege kommt, die die Eingeborenen in den Stand setzt, die europäische Herrschaft abzuschütteln. Er behauptet, dass dieses dicht bevölkerte Land nach seiner Befreiung von den Europäern vereinigt bleiben und kräftig genug sein wird, um auf Eroberungen auszugehen. Diese Annahme widerspricht jeder Wahrscheinlichkeit. Die europäische Herrschaft wird kaum aufgehoben sein und Hungersnot und gegenseitiger Krieg werden wieder chronisch werden und Indien auf seinen früheren Platz zurückdrängen. Je länger die britische Herrschaft fortbestehen wird, umso mehr wird sich der kampflustige Charakter der eingeborenen Bevölkerung verlieren und an Stelle des Kriegers wird der Wucherer der herrschende Typus werden.

Die Gefahr für Europa, auf die Pearson hinweist, dass die Negervölker auch einmal große Militärmächte werden, liegt noch zu weit ab, als dass wir uns jetzt eine Vorstellung davon machen können. Die Nachkommen der Neger sind dann vielleicht ebenso kultiviert wie die Athener. Selbst ein Prophet kann nicht auf tausend Jahre hinaus voraussagen. Es kann sein, dass Kolonien von Europäern in Afrika durch aufrührerische Eingeborene mit einer Übermacht von tausend gegen einen ausgerottet werden, aber es ist nicht möglich, dass die Neger eine für Europa gefährliche militärische Macht werden können, wenigstens nicht in einem kleineren Zeitraum als der ist, der uns von der Sündflut trennt. Die Negervölker, die sogenannten semitischen und hamitischen Bastardrassen des östlichen Zentralafrika, sind tüchtige Kämpfer, aber für eine solche Herkulestat reichen ihre Kräfte nicht zu.

Mehr Grund liegt vor, die Konkurrenz dieser Rassen auf industriellem Gebiet zu fürchten. Je kräftiger ein Staat ist, je mehr die demokratischen Prinzipien Eingang finden, umso geringer braucht die Furcht zu sein. Die Russen sind alles andere wie demokratisch, aber der Staat hat bei ihnen große Macht, und dadurch erwehren sie sich der Chinesen in ihren sibirischen Provinzen, die mehr und mehr von einer hauptsächlich slavischen Bevölkerung bewohnt werden, unter deren Einfluss auch alles Übrige einen slavischen Charakter annimmt. Dem Chinesen wird der Eintritt in Amerika und Australien erschwert, weil die Demokratie mit klarem Blick erkennt, dass seine Gegenwart für die weiße Rasse schädlich ist.

Es gibt keine bessere Rechtfertigung für die Demokratie im neunzehnten Jahrhundert als die Tatsache, dass durch sie die besten Teile der neuen Welt, die gemäßigte Zone von Amerika und Australien, der weißen Rasse erhalten geblieben sind. Wären diese Gegenden unter ein autokratisches Regime gekommen, so wäre die chinesische Einwanderung in derselben Weise ermutigt worden, wie dem Sklavenhandel notwendigerweise durch einen oligarchischen Sklavenstaat in die Hände gearbeitet sein würde, und die Folgen davon würden nach einigen Geschlechtern noch verderblicher für die Weißen gewesen sein.

Die Demokratie mit dem Instinkte einer auf Selbsterhaltung bedachten Rasse erkannte den Feind und schloss das gefährliche Element aus. Das Vorhandensein von Negern in unseren südlichen Staaten ist ein Erbe aus der Zeit, als eine überseeische Aristokratie uns regierte. Die gesamte Kulturwelt der Zukunft ist der demokratischen Politik, die die gemäßigten Gegenden der neuen Welt der weißen Rasse zum Erbteil gemacht hat, unendlichen Dank schuldig.

Die Chinesen und die Inder können höchstens auf industriellem Gebiet einige weiße Händler vertreiben, aber mehr auch nicht. Im eigenen Lande des Weißen können sie keinerlei Veränderungen hervorbringen, weil der Weiße sich stets verteidigen kann, und, wenn ernstlich bedroht, sich verteidigen wird durch Sonderrechte und strenge Maßregeln gegen die Einwanderung.

Pearson fürchtet, dass die weiße Rasse den Mut verlieren wird, sobald die tropischen Rassen unabhängig werden. Das ist aber im höchsten Grade unwahrscheinlich. Der Verlust von Südafrika und Indien würde zwar ein großer Schlag für Großbritannien sein, aber man bedenke, dass das Geschlecht der Engländer, das unmittelbar nach dem Verlust Amerikas in England ausgewachsen war, auf militärischem, künstlerischem und wissenschaftlichem Gebiete im Allgemeinen mehr geleistet hat, als irgendein englisches Geschlecht vorher.

Selbst wenn der Verlust für Großbritannien wirklich so groß wäre, wie Pearson glaubt, so würde doch die überwiegende Mehrheit der englisch sprechenden Völker in Amerika und Australien die Folgen davon nicht im geringsten empfinden. Und für das Festland von Europa würde es wenig mehr bedeuten, als der aufeinanderfolgende Verlust der portugiesischen und holländischen Besitzungen in Afrika und Indien zu bedeuten gehabt hat. Frankreich hat die Folgen der Vertreibung der Franzosen aus Haiti kaum gemerkt, und ebenso wenig sind die befreiten Neger von Haiti mächtig genug geworden, um auf Eroberungszüge auszugehen.

Dem Amerikaner oder Australier ist es völlig gleich, dass die Mischbevölkerung von Brasilien und Ecuador sich selbst regiert, anstatt von portugiesischen und spanischen Unterkönigen regiert zu werden. Und genauso gleichgültig würde es ihnen sein, wenn die Völker am Ganges und am Obernil denselben Veränderungsprozess durchmachten. Selbst wenn China eine Militärmacht nach europäischem Muster wird, so wird der Amerikaner oder Australier, der am Ausgang des zwanzigsten Jahrhunderts lebt, dies kaum in einem größeren Maße merken, wie wir am Ausgang des neunzehnten Jahrhunderts das Streben Japans, unter die Kulturnationen aufgenommen zu werden, empfunden haben.

Man vergesse nicht, dass die tropische Rasse, wenn sie sich auf militärischem oder auf industriellem Gebiet zu der

Höhe aufzuschwingen vermag, wo sie für Amerika und Europa gefährlich wird, auch notwendigerweise durch diesen Entwickelungsprozess kultiviert worden sein muss. Wir würden also einfach einer neuen Kulturnation eines anderen Stammes gegenüberstehen, ebenso wie wir jetzt Magyaren, Finnen und Basken gegenüberstehen, ohne uns darum zu kümmern, dass die Ethnographie sie von den Kroaten, Rumänen und Wenden trennt.

In dem zweiten Abschnitt behandelt Pearson den Stillstand in der Bevölkerungszunahme und sucht nachzuweisen, dass wir alle einmal zu demselben Zustand gelangen werden, zu dem einige Völker, namentlich Frankreich, bereits gelangt sind. Allgemeine Mutlosigkeit und Behinderung der Verstandesentwickelung müssen nach Pearson die Folgen einer stationären Bevölkerung sein. Weiter weist er darauf hin, dass sich gegenwärtig bei uns die Neigung bemerkbar macht, das Vertrauen zu dem eigenen Unternehmungsgeist auf Kosten des Vertrauens zu staatlichen Organisationen hintenan zu setzen, wodurch höchstwahrscheinlich unsere kräftige Ursprünglichkeit leiden wird. Diesen Verfall glaubt er bereits in einem geringeren Erfindungsgeist, vor allem auf dem Gebiete der Mechanik, zu bemerken.

Es ist richtig, dass die laissez faire-Theorie der alten Schule immer mehr im Aussterben begriffen ist. Aber lehrt uns nicht die Geschichte, dass ein Volk, je entwickelter es wird, nur umso mehr von der Macht des Staates Gebrauch macht? Ein großer Staat kann sich ebenso wenig völlig auf einen unbeschränkten Individualismus verlassen, wie er jeden Individualismus entbehren kann. Der hartnäckige kommerzielle Wettstreit muss immer auf einer gewissen Höhe eingedämmt werden.

Erst als die Staatsmacht in England groß geworden und der an keine Gesetze gebundene, aus der Lehenszeit stammende unbeschränkte Individualismus verschwunden war, brach für das englische Volk jene Periode der Größe herein, wo es durch seine Erfolge auf wissenschaftlichem Gebiet auf eine Linie gestellt werden konnte mit den Griechen, und wegen seiner materiellen Wohlfahrt, die sich nach der Ausbreitung eines Reiches durch Kolonisation, Eroberung, Kriegstaktik und Staatskunst richtet, mit den Römern.

Was den Zurückgang anlangt, den Pearson in Bezug auf den Erfindungsgeist auf mechanischem Gebiet sehen will, so braucht nur gesagt zu werden, dass die Wirklichkeit das Gegenteil beweist.

Weiter legt Pearson großen Nachdruck auf die vielen Menschen unbekannte Tatsache, dass die gebildeten Klassen jeder Gesellschaft dazu neigen, auszusterben, während im allgemeinen die unteren, wenig entwickelten Klassen sich schneller vermehren als die höheren Stände.

Hierin liegt viel Wahres. Die hervorragendsten Mitglieder einer Gesellschaft vermehren sich weniger schnell als die gewöhnlichen Menschen und gehen, wie man deutlich sehen kann, in der Zahl zurück. Große Heerführer, große Staatsleute, große Dichter, große Gelehrte haben in der Regel nicht so viel erwachsene Kinder als beispielsweise eine gleiche Anzahl von Fabrikarbeitern, Bauern usw.

Wenn dennoch die menschliche Gesellschaft fortschreitet, so dankt sie dies der Verbreitung der von den Gebildeten erworbenen Erfahrungen, wodurch in jedem Kulturstaat ein großes Gegengewicht gegen das verderbliche Gesetz der Naturwillkür entsteht, die manchen der meistbegehrten Arten keine Chance für ein körperliches Weiterbestehen bietet.

Mr. Balfour, der, das sei nebenbei bemerkt, in einigen Anschauungen Pearson am nächsten kommt, scheint der Meinung zu sein, dass die von gebildeten Männern erworbenen Fähigkeiten nicht vererbt werden können. Obwohl auch andere dieser Ansicht zuneigen, verdient sie doch kaum ernsthaft widerlegt zu werden.

Es sei aber hervorgehoben, dass gegenwärtig gerade in den Kreisen, wo die Geburten stationär sind, ja selbst tatsächlich abnehmen, die vollkommenste Bildung, die sorgfältigste Erziehung, der größte Lebensgenuss und die für die Gesellschaft brauchbarsten Kräfte anzutreffen sind. Aber dennoch kann eine Nation, die beständig in der Bevölkerungsziffer zurückgeht, unmöglich gesund sein. So wie die Welt heute eingerichtet ist mit all den unbebauten weiten Gegenden, die nur auf Pioniere warten, mit diesem Wettstreit zwischen Rassen, die noch dazu durch Kindersterblichkeit geschwächt werden, hat nur die Rasse große Aussichten, sich einen Platz in der Welt zu erobern, wo nicht nur mutige, sondern auch zeugungsfähige Männer vorhanden sind.

In seinem dritten Kapitel weist Pearson auf einige Gefahren hin, die mit einer zu großen Entwickelung des politischen Lebens verbunden sind, und er nennt dabei vor allem die Ausbreitung der Städte auf Kosten des flachen Landes und die Vergrößerung der stehenden Heere.

In der Tat bedeutet die große Menschenanhäufung in den Städten eine wirkliche Gefahr. Wie lange der Zug nach den Städten noch andauern wird, ist schwer zu prophezeien. Gewöhnlich wird das Übel, wenn man es so nennen darf, durch sich selber kuriert. Überdies werden die Städter von Geschlecht zu Geschlecht kleiner und schwächer, sie werden somit allmählich aussterben, und dadurch findet die ganze Frage von selbst ihre Lösung. Versucht man dagegen, die Städte gesund zu machen, auch in sittlicher Hinsicht, so werden die Einwände dagegen zum größten Teil schwinden.

Was die stehenden Heere anbetrifft, so hat Pearson hierbei wohl zu ausschließlich an Europa gedacht. Weder

in Amerika noch in Australien besteht viel Wahrscheinlichkeit für die Bildung großer stehender Heere, und, wie
er richtig bemerkt, ist die Dienstpflicht alles eher als ein
Fluch für die Völker des europäischen Kontinents.

In einem Punkte, obwohl er von untergeordneter
Bedeutung ist, muss Pearson auf einen kleinen Irrtum aufmerksam gemacht werden. Bei dem Hinweis darauf, dass
Miliztruppen gegenüber regulären Truppen nicht viel aus-
zurichten vermögen, hält er es für nötig, die Niederlage
bei New Orleans zu Gunsten der Engländer zu beschönigen. Er stellt die Sache so dar, wie sie von den englischen
Geschichtsschreibern, von Sir Archibald Alison bis auf
Goldwin Smith geschildert wird. Ohne weiter zu untersuchen, verbreitet er die Legende weiter, die von einer
Seite ausgesprengt wird, in der Absicht, die Schmach dieser Niederlage abzuschwächen. Er stellt es so dar, als ob
sechstausend Briten unter Pakenham ohne Artillerie auf
Festungswerke stießen, die von einer zweimal so großen
Anzahl verteidigt wurden, und dass sie geschlagen wurden,
ebenso wie sie geschlagen worden wären, wenn irgendwel-
che andere Truppen der Welt die Festungswerke verteidigt
hätten. Erstens hatte Pakenham keine sechs- sondern fast
zehntausend Mann. Zweitens waren die Amerikaner nicht
zweimal, sondern nur halb so zahlreich wie sie. Drittens
verfügten die Briten über eine sehr brauchbare Artillerie
und waren in dieser Hinsicht den Amerikanern gegenüber
sogar im Vorteil. Schließlich war die Position viel weniger
stark als diejenige, die von Soult eingenommen wurde,
als Wellington ihn bei Toulouse mit denselben Truppen
schlug, die von Jackson bei New Orleans geschlagen worden. Die reine Wahrheit ist nur, dass Jackson ein sehr tüch-
tiger General war, dass unter seinem Befehl Truppen standen, die er nacheinander in Kämpfen gegen die Indianer
und Spanier ausgebildet hatte, und dass bei den drei Gele-

genheiten, wo er mit Pakenham in Berührung kam: dem nächtlichen Anfall, dem großen Artilleriegefecht und dem Sturm, die englischen Soldaten, obwohl sie tapfer kämpften, ehrlich und regelrecht geschlagen wurden.

Dieses eine schlecht gewählte Beispiel stößt aber Pearsons Schlussfolgerungen nicht um. Wir haben aus unserem Krieg von 1812 Beispiele, aus denen klar hervorgeht, wie wenige ungeübte Miliztruppen regulären Truppen gewachsen sind. Ein charakteristisches Beispiel dafür ist auch das Gefecht von Castlebar in Irland, wo ein paar hundert französische Truppen eine fünfmal größere Anzahl irischer, schottischer und englischer Milizsoldaten aus einer starken, durch eine große Artilleriemacht gedeckten Position mit dem Bajonett vertrieben und in die Flucht schlugen.

In seinem vierten Kapitel weist Pearson auf einige Vorteile des Nationalitätsgefühls hin. Mit diesem Kapitel und mit seiner Lobrede auf den Patriotismus, besonders auf den Patriotismus, der sich über das ganze Land und nicht an einige wenige Gegenden verteilt, bin ich von ganzem Herzen einverstanden.

In seinem fünften Kapitel über den Verfall des Familienlebens macht er den Versuch, einige Behauptungen zu verteidigen, denen ich ganz und gar nicht zustimmen kann. Er scheint die Veränderung zu bedauern, wodurch der eigenmächtige Despot ebenso in der Familie wie im Staate eine Ausnahmeerscheinung wird. Er scheint zu fürchten, dass sich dadurch das Familienleben lockert. Das mag hie und da der Fall sein, ebenso wie der Sturz einer Tyrannei wohl einmal Anarchie zur Folge hat, aber schließlich ist in diesem Fall das eine nicht schlimmer als das andere. Allen denen, die ein wirklich glückliches Familienleben gehabt, allen also, die das größte Glück der Erde genossen haben, braucht nicht erst gesagt zu werden, dass das Ideal der Familie nur dann erreicht werden kann, wenn Vater und

Mutter sich gegenüberstehen, wie der Geliebte der Geliebten und beide gleiche Rechte haben. In solchen Familien sind die Kinder an die Eltern durch Bande der Liebe, der Achtung und des Gehorsams gefesselt. Diese Bande werden noch fester durch die Behandlung der Kinder als eigene Wesen mit eigenen Rechten, die eine Veränderung des Haushalts in dem Maße bedingen, wie sie älter werden, wie das Kind zum Mann oder zur Frau heranreift. In einer solchen Familie wird das Familienband nicht lockerer, sondern fester. Und das ist kein unerreichbares Ideal. Wer kennt nicht hunderte von Familien, in denen es mehr oder weniger verwirklicht ist? Dieses Ideal ist unendlich viel schöner als das des sich herablassenden Autokraten, das so oft an seine Stelle tritt.

Das letzte Kapitel seines Buches betitelt Pearson: Der Rückgang des Volkscharakters. Es scheint ihm, als ob unsere Welt immer mehr zu einer Welt mit geringeren Ereignissen und geringerer Kraftentfaltung, mit weniger Glanzpunkten und weniger guten Aussichten wird. Er glaubt, dass alle schönen Bücher schon geschrieben, alle großen Entdeckungen getan, alle großen Taten verrichtet sind. Er glaubt, dass die Hinneigung zum Staatssozialismus, unter welcher Form dieser auch auftritt, alle individuellen Fähigkeiten und die höheren Arten des individuellen Glückes töten wird. Hierauf kann nur geantwortet werden, dass die Ansichten über die von ihm erwarteten Folgen weit auseinandergehen, und dass bei uns, die wir unter einer amerikanischen Demokratie leben, die meisten mit ihm durchaus nicht übereinstimmen werden. Es ist höchst unwahrscheinlich, dass, abgesehen von einigen kleinen Ausnahmen, der Staatssozialismus irgendwo bis in seine äußersten Konsequenzen durchgeführt werden wird. In gewisser Hinsicht ist unsere Polizei und unsere Feuerwehr bereits ein Beispiel dafür. Die Ausbreitung des Arbeitsfeldes des Staates geschieht aber nicht immer auf Kosten des Glücks des Einzelnen oder der Menge. Gesetzliche Beschränkungen, die mit einer natürlichen Entwicklung zusammengehen, können bis zu einem gewissen Grade sehr wohl die Unterschiede des Reichtums ausgleichen, ohne in einem einzigen Punkte den Lebensgenuss der bevorzugten Klasse und ihre Fähigkeit, etwas Gutes zu Stande zu bringen, zu vermindern. Bei uns zu Lande wird immer das Beste von den Menschen geleistet, die zu einer Gesellschaftsklasse gehören, welche über einen gewissen Wohlstand verfügt: Menschen, die gut gekleidet gehen, sich gut nähren, ein gutes Heim haben, viele Bücher besitzen und davon Gebrauch zu machen wissen, aber die sich keinen übertriebenen Luxus leisten können.

Ich glaube, der große Fehler, den Pearson macht, liegt in seinem Irrtum, dass die Wohlfahrt der großen Menge notwendigerweise die Lebensbedingungen einiger Bevorrechtigter verringern muss. Diejenigen, die gegenwärtig in einem Kreise leben, wo das reine amerikanische Element am stärksten vertreten ist, wissen wohl, dass kein vernünftiger Grund besteht, weshalb nicht in der Zukunft eine Gesellschaft existieren soll, in der es keine außergewöhnliche Armut, aber auch keinen außergewöhnlichen Reichtum gibt, und wo nichtsdestoweniger die Höhe der Kultur, die Möglichkeit des Glückes und die Aussichten, etwas Gutes zu Stande zu bringen, größer sind, als je zuvor.

Die Behauptung Pearsons, dass alles Große bereits getan ist, ist der Diskussion wert. Er glaubt, dass alle schönen Gedichte schon geschrieben, und dass die Tage des Dramas und des Heldengedichtes vorbei sind. Von Shakespeares Werken abgesehen entstand aber das beste Theaterstück, das jemals geschrieben wurde, in diesem Jahrhundert. Nach den athenischen Dramatikern musste die Welt 2000 Jahre warten, bevor Shakespeare geboren wurde und abermals 200 Jahre, bevor Goethe sein Meisterwerk schrieb. Sollen wir also mit unserem Urteil nicht lieber noch ein paar hundert Jahre warten, bevor wir mit der Behauptung hervortreten, dass in keinem Lande und in keiner Sprache jemals wieder ein großes Drama verfasst wird?

Dasselbe ist auch bei dem Epos der Fall.

Milton, der 3000 Jahre nach Homer lebte, ist noch nicht lange genug begraben, um die Behauptung zu rechtfertigen, dass in den zukünftigen Jahrhunderten kein Epos mehr entstehen sollte. Es gab eine Zeit, wo die griechischen und lateinischen Schriftsteller auch glaubten, dass sie nichts mehr zu sagen hätten. Ein Kritiker aus einer der beiden Nationen hätte den Kopf schütteln und sagen können, dass alle großen Themata verbraucht, alle großen Ideen schon verkündet seien. Und doch lagen Dante, Cervantes, Molière, Schiller, Chaucer und Scott in der Zukunft.

Weiter behauptet Pearson, dass gegenwärtig weniger Ehre für einen Staatsmann zu holen ist und dass er weniger Gelegenheit hat, sich geltend zu machen, als zu Zeiten des Kaisers Augustus, Richelieus und des älteren Pitt. Und Bismarck? War der von anderer Art? Warum soll ein englisch sprechendes Volk es für eine Unmöglichkeit halten, dass jetzt oder in der nächsten Zukunft ein Staatsmann in seiner Mitte ersteht, ebenso groß oder noch größer als Chatham?

Wir Amerikaner werden wenigstens schwer davon zu überzeugen sein, dass jemals ein Staatsmann ein edleres Ziel, größere Schwierigkeiten und mehr Erfolge hatte als Washington und Lincoln.

Dass die Kriege der modernen Kulturnationen dem Individuum weniger Gelegenheit bieten, sich auszuzeichnen und seinen persönlichen Einfluss zur Geltung zu bringen, als früher bei den Kriegen der Barbarenvölker der Fall war, kann Pearson nicht zugestanden werden. Man findet unter den wilden Völkern keinen Alexander, keinen Cäsar, keinen Hannibal, keinen Napoleon. Verglichen mit Moltke machen Sitting-Bull und Rain-in-the-Face eine povere Figur. Keiner der Seekönige aus der Zeit der stolzen Raubzüge der Normannen hatte auf die Kriege seiner Zeit auch nur einen Schein von dem Einfluss, den Friedrich der Große auf die seiner Zeit hatte.

Es ist nicht wahr, dass eine zunehmende Kultur notwendigerweise eine Verminderung des Volksmutes zur Folge haben muss. Einen einzigen Fall vielleicht ausgenommen. Es gibt heute schon in Europa und in den Vereinigten Staaten Gegenden, wo ausschließlich die Tugenden des Friedens kultiviert werden und wo sich eine Klasse von Kaufleuten, Rechtsgelehrten und Professoren gebildet hat, bei denen man vergeblich die männlichen Eigenschaften suchen wird, denen unser Land seine Größe und seine Macht zu danken hat.

Doch ist es noch eine Frage, ob die Kultur sich nach dieser Richtung hin entwickeln wird. Es kann sein, obgleich die Umstände im Allgemeinen nicht dafür sprechen.

Pearson ist in der Tat ein Mann von Charakter und Mut. Wenn ihm bei seinem Blick in die Zukunft diese auch grau und nicht sehr verlockend erscheint, so ist er doch nicht der Verkünder einer unmännlichen Verzweiflungslehre. Er glaubt nur, dass zukünftig das Leben weniger gefährlich, weniger wechselvoll, aber auch von einem geringeren Lebensgenuss sein und weniger Gelegenheit bieten wird, etwas Großes zustande zu bringen, was für kräftige Geister ein solcher Bronnen der Freude ist. Ob unsere Erwartungen von der Zukunft nun große oder geringe sein mögen, auf jeden Fall rät uns Pearson an, ihr mutig entgegenzugehen.

Er schließt sein Buch mit den beherzigenswerten Worten: „Wie es auch sei: einfach unsere Lebensaufgabe erfüllen, gelassen darauf warten, wie die Dinge sich gestalten werden, und mit emporgehobenem Haupt dem ewigen Frieden gegenüberstehen, ebenso froh, wie unsere Väter dem ewig dauernden Kampf gegenüber gestanden haben, das ist vielleicht eine edlere Erziehung unserer Seele, als auf einen immer größeren Fortschritt zu hoffen."

Ich stimme mit ihm nicht darin überein, dass ein ewig dauernder Frieden vor uns liegt. Ich bin nicht mit ihm eins darin, dass wir einer Zeit entgegenschreiten, wo wir von dem Tag nichts anderes verlangen, als zu leben, von der Zukunft nichts anderes, als nicht rückwärts zu gehen. Man kann nicht zugeben, dass die niederen Rassen die Welt beherrschen werden und die höheren Rassen sehen sollen, wie ihre besten Elemente aussterben.

Aber was macht es eigentlich aus, wie wir uns die Zukunft vorstellen, solange wir nur seine Lehre anwenden und mutig dem Geschick entgegengehen, das uns beschieden ist.

Wir sind fest davon überzeugt, dass der Fortschritt nicht ausbleiben wird, wenn wir verständig, mutig und rechtschaffen sind. Wir wissen nicht, ob die Zukunft uns Frieden oder Kampf bringen wird. Aber wir glauben mit voller Zuversicht, dass die größten Siege noch erfochten, die größten Taten noch verrichtet werden müssen, und dass für unsere Völker noch größere Segnungen in der Zukunft verborgen liegen, als sie uns bisher zu teil geworden sind. Von ganzem Herzen stimmen wir dem zu, dass es die Pflicht eines jeden ist, die Zukunft ebenso zu nehmen wie die Gegenwart, ohne sich um das zu sorgen, was kommen mag, und, das Gesicht der Lichtseite zugewendet, mit Männermut seine Rolle durchzuführen wie ein Mann unter Männern.